KB252704

대자연의 도, 사람의 길

상생출판

일러두기

도훈 일시는 증산도 연호인 '도기道記'로 표기함.

예를 들어, '1401222 동지치성'은 도기 140년 (양)12월 22일 말씀을 말함.

2026년은 도기 156년이며, 도기 140년은 2010년을 말함.

시작한 날 _______________________

마친 날 _______________________

필사자 _______________________

대자연의 도, 사람의 길

안운산 태상종도사님은 임술壬戌(1922)년에 충청도 서산瑞山에서 태어나시어 부친의 영향으로 대자연 섭리인 상제님 진리를 깨닫게 되셨습니다. 9세 되던 해에 '만국활계 남조선이요 청풍명월 금산사라'는 상제님 말씀을 모필로 써서 입춘서立春書로 삼으셨고, 12세 때에는 수련하시던 중 홀연히 영성이 열리는 큰 체험을 하셨습니다.

이때 상제님 대업이 천명天命임을 아신 태상종도사님은 웅지雄志를 품으시고, 식민 통치의 어두운 그림자 속에서도 동가식서가숙東家食西家宿하시며 국내는 물론 만주와 중국 각지를 주유周遊하시며 해방을 기다리셨습니다. 24세 되던 해, 광복을 맞이하자 광구창생廣救蒼生하는 천하사天下事를 본격적으로 시작하셨습니다.

그리하여 불과 몇 년 만에 수십만을 포교하셨지만 6.25 전쟁으로 모든 게 무너졌습니다. 상제님의 말도末島 공사에 따라 '20년 휴게기'를 선포하시고, '갑을甲乙로 기두起頭하라'는 상제님 천명을 받아 갑인(1974), 을묘(1975)년에 안경전 종도사님과 함께 증산도의 간판을 걸고 3변 도운을 시작하셨습니다.

증산도 도생들은 그분을 스승님, '태사부太師父님'이라 부릅니다. 진리를 가르쳐 주신 큰 스승님이자, 구도자를 돌보고 양육해 주신 아버지와 같기 때문입니다. 2012년에 어천御天하시기 전까지, 수많은 도생이 말씀의 은혜를 입어 천하사의 대의에 눈을 떴습니다.

증산도대학교와 국내외 각종 강연회를 통해 상제님 진리의 대의와 참된 인간의 길을 명명백백明明白白한 성음으로 말씀해 주셨습니다. '독행천리獨行千里 백절불굴百折不屈'이라는 강인한 심법으로 가을 개벽기에 구제창생救濟蒼生을 위해 평생을 일심一心하셨습니다.

태상종도사님의 말씀은 늘 한결같고, 쉽고 간명했습니다. 언제나 우주변화 원리, 대자연 섭리를 바탕으로 '상제님께서 왜 강세하셨으며, 천하창생을 건지시기 위해 어떤 일을 하셨는지' 자세히 밝혀주셨습니다. 새 하늘 새 땅을 여신 상제님의 천지공사天地公事에 따라 해원과 상생과 보은의 이념으로 새 세상, 새 판이 열릴 것을 늘 강조하셨습니다.

태상종도사님은 '완전한 일심, 성성한 일심으로 한 생명이라도 더 건져 살려라.', '사람은 창조적이고, 외교적이고, 도덕적이고, 영웅적인 4대 요소를 갖춰야 완성품이다.', '자기 계발, 자기 도야, 자기 성숙을 통해 큰 재목이 되라.' 하셨습니다. 천지 부모님이신 상제님과 태모님께 늘 간절하게 기도 올리시며, 대경대법大經大法한 말씀을 내려주신 태상종도사님의 삶은 살릴 생生 자 의식과 대인대의大仁大義한 심법 그 자체였습니다.

　상제님의 무극대도를 닦는 구도자들에게 큰 바위 얼굴이시자, 짙은 어둠을 밝혀주는 환한 등불과도 같은 태상종도사님의 대덕大德의 은총으로 마침내 숙구지 도운이 크게 열릴 것입니다. '일실건곤一室乾坤을 평화낙원平和樂園하리라.' 하신 태상종도사님의 평생시가 지구촌 천지 녹지사祿持士들에 의해 반드시 실현될 것입니다.

차 례

Contents

　증산도甑山道는 강증산 상제님의 무극대도이며 인류와 한민족 문화의 혼입니다. 일찍이 1871년에 이 땅에 강세하신 상제님은 천상 태라천太羅天에서 만유 생명을 주재하시는 통치자요, 성자들을 내려 보내신 성부聖父 하느님이십니다. 동방의 천자와 백성들은 그분에게 성스러운 천제天祭를 올렸습니다.

　상제님께서는 "하늘에 있는 신선과 부처와 성신聖神들이 나에게 탄원하여 '세상에 내려가셔서 억조창생의 병사病死를 건져 주옵소서.'하고 간곡히 하소연해 오므로 내가 이 세상에 내려왔느니라."(道典 7:39:4~5) 하시고, "내가 이제 억조창생을 죽음에서 건져 만세萬世의 선경을 열려 하나니, 나를 따르는 자는 이 대비겁에서 살아나리로다."(道典 7:39:6) 하셨습니다.

　상제님께서 말씀하신 대비겁은 무엇일까요? 바로 우주의 계절이 여름에서 가을로 넘어갈 때 오는 병란病亂입니다. 춘생추살春生秋殺이라는 대자연 섭리에 따라 큰 가을로 들어서는 지금, 인류는 병란의 된서리를 앞두고 있습니다. 지금은 우주의 가을 개벽기입니다. 모든 것이 새롭게 되는 환절기입니다. 무엇보다 천지대세에 눈을 떠서 '사는 길, 생명의 길'을 만나야 합니다.

상제님 말씀처럼 선천 말대에는 천지간에 원한寃恨이 가득 차 성자聖子들의 가르침과 능력으로는 어찌해 볼 수 없는 상황에 이르렀습니다. 바야흐로 우주의 원주인이신 상제님의 도법, 무극대도가 절박할 때에 이른 것입니다.

증산도는 대자연 섭리를 바탕으로 한 '살고 잘되는 생명의 길'입니다. 안운산 태상종도사님은 '상제님 진리가 자연 섭리이고, 자연 섭리가 상제님 진리다.', '대자연 섭리 속에서 사는 길을 찾아야 한다.'라고 하시며, 우주변화 원리의 정수를 쉽게 밝혀주셨습니다.

본서에서는 태상종도사님의 대경대법大經大法한 말씀을 주제별로 다섯 말씀씩 묶었습니다. 상제님 진리의 바탕인 우주관을 바탕으로 상제관, 천지공사, 신관, 인간관, 일꾼관의 말씀으로 구성하여, 누구나 쉽게 생활 속에서 공부할 수 있게 정리하였습니다.

아무쪼록 우리 구도자의 큰 사표師表이신 태상종도사님의 주옥같은 말씀으로 각자의 영성이 더욱 밝아지고, 진리 대의를 크게 깨달아 후천선경 건설의 기초 동량이 되시기 바랍니다. '독행천리獨行千里 백절불굴百折不屈'하신 태상종도사님의 강인한 심법을 체득하여 '일실건곤 一室乾坤을 평화낙원平和樂園하리라.' 하신 큰 말씀을 완수하는 주역이 되시길 기원합니다.

2026년 2월 2일
편집자 전

대자연의 도, 사람의 길

안운산 태상종도사 大道 말씀

인간 삶의 바탕, 대자연 섭리 '도道'

대도 말씀 · 150일 필사

진리眞理라 하는 것은
대자연大自然 질서 속에 함축돼 있다.
대자연 섭리는 진리의 모태母胎이고, 뿌리다.
만유의 생명은 자연 섭리의 틀 속에서
자연 섭리를 바탕으로 해서
세상을 왔다가는 것이다.

우주변화 원리는 지식의 뿌리다. 이걸 앎으로써 진리를 알 수 있다. 대자연 섭리는 진리의 모태이고 뿌리다. 이 천지이치가 성숙됨에 따라서, 춘하추동 사시가 성숙됨에 따라서 인류 역사, 인류 문화도 성숙되는 것이다.

1340822 개벽문화한마당

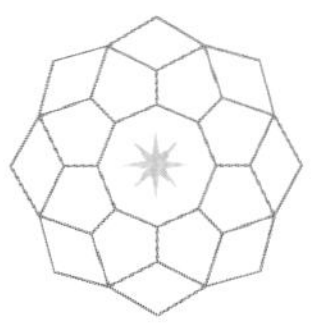

"진리眞理는 출어자연出於自然이라."
진리라 하는 것은 자연에 뿌리를 두고 있다.
자연 속에 다 들어 있다.
대자연 섭리, 우주변화 원리는
진리의 뿌리다.

우주변화 원리라 하는 것은 자연 섭리다. 대우주 천체권 내의 만유가 자연 섭리 속에서 생겨났다가 가는 것이다. 거기에 벗어나는 것은 아무것도 없다. 미물 곤충, 날아다니는 새, 기어 다니는 짐승, 초목은 물론이고 사람도 예외가 있을 수 없다. 우주변화 원리는 진리의 뿌리다.

1330111 청소년 수련회

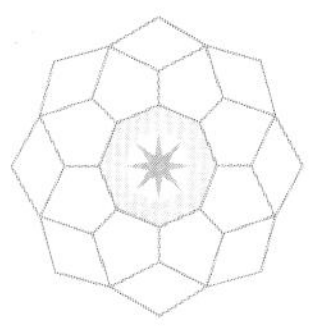

대자연 섭리가 도道다.

도라 하는 것은 '자유지리 自由之理', '자유지기 自由之氣'다.

'본래 있는 이치', '그렇게 되어지는 이치',

'그렇게 될 수밖에 없는 이치'다.

또 '그렇게 되어지는 기', '그럴 수밖에 없는 기'다.

도道는 그런 이기理氣다.

도는 자연 섭리다. 자연 섭리는 도다.

대자연 섭리가 도道다. 도라 하는 것은 '자유지리' , '자유지기'다. '본래 있는 이치', '그렇게 되어지는 이치', '그렇게 될 수밖에 없는 이치'다. 또 '그렇게 되어지는 기', '그럴 수밖에 없는 기'다. 도는 그런 이기다. 도는 자연 섭리다. 자연 섭리는 도다.

1361109 상제님 성탄치성

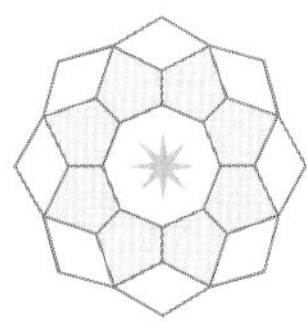

우주원리라는 것은 인류 문화의 원뿌리다.

1·3·5·7·9는 양이요, 2·4·6·8·10은 음이라,
거기서부터 출발한다.
무극無極이 생태극生太極하고, 태극이 생양의生兩儀하고,
양의가 생사상生四象하고, 사상이 생팔괘生八卦하고,
팔괘가 8 곱하기 8은 64 해서 64괘卦가 되는데,
이게 천지가 둥글어가는 이치를 담은 인류 문화의 뿌리요,
진리의 뿌리요, 우주원리의 뿌리다.

사람은 지성인으로서
어느 시대, 어느 사회에 생겨나서 왔다 가든지 간에
최소한 천지가 둥글어 가는 이법만은 알아야 한다.
사람 노릇을 하기 위해서도
'천지이법의 틀'부터 깨쳐야 한다.

우리는 사람인지라 하늘땅이 둥글어가는 이치부터 알아야 한다. 더군다나
지금은 천지의 환절기다. 자신이 살기 위해서도, 사람 노릇을 하기 위해서도
하늘땅이 둥글어가는 이치를 꼭 알아야 한다.

1350518 제주 순방

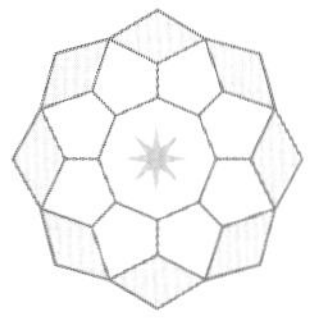

인간 세상 역사라 하는 것은
'대자연 섭리의 반영反影'이다.
광명에 의해서 그림자가 만들어지는 것과 같이,
세상에 현실적으로 드러나는 역사는
'자연 섭리의 표출'이다.

대자연 섭리는 전혀 아랑곳하지 않고 몇 십억 사람이 앉아서 현실만 갖고
이야기한들 소용이 없다. 대자연 섭리, 우주변화의 법칙부터 알아야 한다.
하늘땅이 둥글어 가는 법칙을 알려면 봄·여름 세상과 가을·겨울 세상, 춘하
추동 사시四時, 생장염장生長斂藏이라는 틀이 한 바퀴 둥글어 가는 대우주
천체권의 법칙을 알아야만 되는 것이다.

1390913 증산도대학교

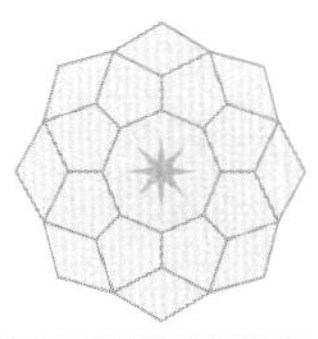

대자연의 도, 사람의 길

천지의 틀, 음양오행 원리

대도 말씀 · 150일 필사

천지天地라 하는 것은
음양오행 원리에 의해서
순환무궁循環無窮하게 둥글어 가는 것이다.

천지의 틀 속에서 사는 만유의 생명체가 천지이법에 의해서 왔다 가는 것이지 무슨 수가 있겠는가? 아무런 방법이 없다. 천지는 제 목적을 달성하기 위해서 생장염장이라는 틀을 바탕으로 우주이법에 의해 순환무궁하게 둥글어 가는 것이다.

1341229 전주 순방

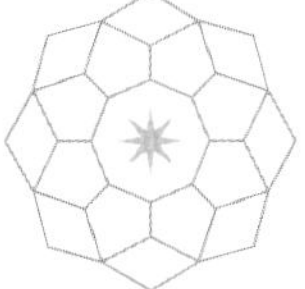

음양오행이라는 것은
천지가 둥글어 가는 틀이다.
그것은 바꿀 수 없는 불역지리不易之理다.
아닐 불 자, 바꿀 역 자, 갈 지 자, 이치 이 자,
바꿀 수가 없는 천지가 둥글어 가는 틀, 이치다.

1, 3, 5, 7, 9는 양이요 2, 4, 6, 8, 10은 음이다. 인류 문화라 하는 것은 내내 수학數學이다. 그건 다시 바꿀 수가 없는 것이다. 아무리 재주가 좋다 하더라도 음양오행 원리를 무슨 재주로 바꾸겠는가. 천지의 이치가 그렇게 되어 있고, 사람도 그렇게 되어 있다. 그것은 대자연 섭리다.

1401030 부산 강연회

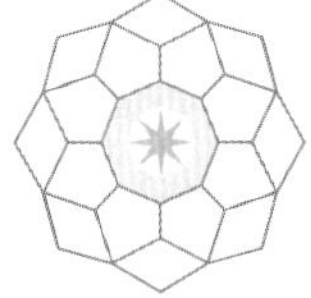

음양반복지리陰陽反復之理로 천지도 둥글어 간다.
음양오행 원리를 떠날 것 같으면
천지도 없고, 천지도 운행이 되지 않는다.
이 세상의 원 틀이라 하는 것은
음양오행 법칙이 바탕이 된다.
그걸 묶어서 '천지의 도道'라 한다.

천지가 둥글어 가는 법칙, 이 대우주 천체권이 둥글어 가는 법칙은 그 무엇으로도 바꿀 수 없다. 이 천지의 이치는 동양 사람이건 서양 사람이건, 잘난 사람이건 못난 사람이건, 힘의 논리로도, 그 어떤 것으로도 어떻게 할 수가 없는 것이다.

1400501 서울 순방

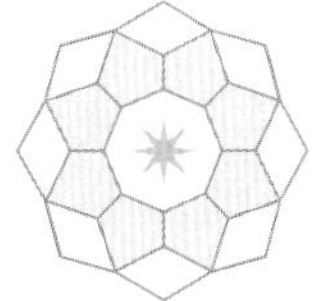

사람은 음양오행陰陽五行의 모든 기운을
돌돌 뭉쳐서 이 세상에 왔다.
능소능대能小能大, 무엇이고 다 할 수 있는 준비를 하고 나왔다.

짐승은 오행 기운 가운데 한 가지 기운에 치우쳐 있다.
소는 북방北方 수기, 말은 남방南方 화기,
개는 서방西方 금기만 타고 왔다.

그런데 사람은 금목수화토 오행 기운을
고루 갖추고 나왔다.
때문에 천지를 대표해서 만유의 주체가 되어
무엇이든 다 하게끔 되어 있다.

천지이치는 음양을 떠나면 아무것도 없다.
음양陰陽이 전부다.
천지조화는 거기서 생기는 것이다.
세상만사가 그 속에 다 들어 있다.
1, 3, 5, 7, 9는 양이요, 2, 4, 6, 8, 10은 음이라.
진리의 핵은 수치다.

복희씨가 수치로 묶어서 다 얘기해 놨다. 그것이 인류 문화의 모태다. 어머니 모母 자, 태라는 태胎 자, 만유가 다 모태 속에서 생겨나지 않는가. 이 하늘 이 땅이 열린 이후로 우리가 사는 세상에 인류 문화를 처음 개창한 분이 태호 복희씨다.

1350206 증산도대학교

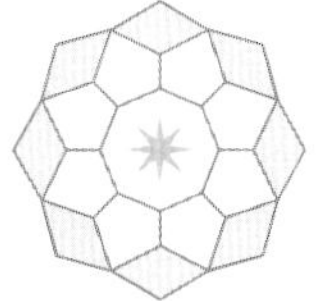

사람이라면 1, 3, 5, 7, 9는 '양陽'이요,
2, 4, 6, 8, 10은 '음陰'이라는 것을 알아야 한다.
그걸 모르면 얘기가 안 된다.
왜 그런가. 그것이 음양오행 원리의 기본이기 때문이다.
이 지구상에 생존하는 만유의 생명체라는 것은
음양의 이치를 떠날 수 없다.

생명체라 하는 것은 자연 섭리에 적응하면 순천順天이 되어 살아남을 수 있고, 만일 적응하지 못하면 역천逆天이 되기 때문에 죽을 수밖에 없다. 몰라서 적응하지 못하든지, 알고도 적응하지 못하든지, 그걸 따지기 이전에 적응을 못 하면 역천이 되는 수밖에 없다.

1361015 증산도대학교

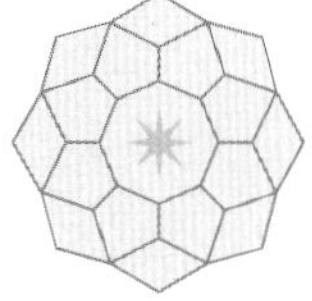

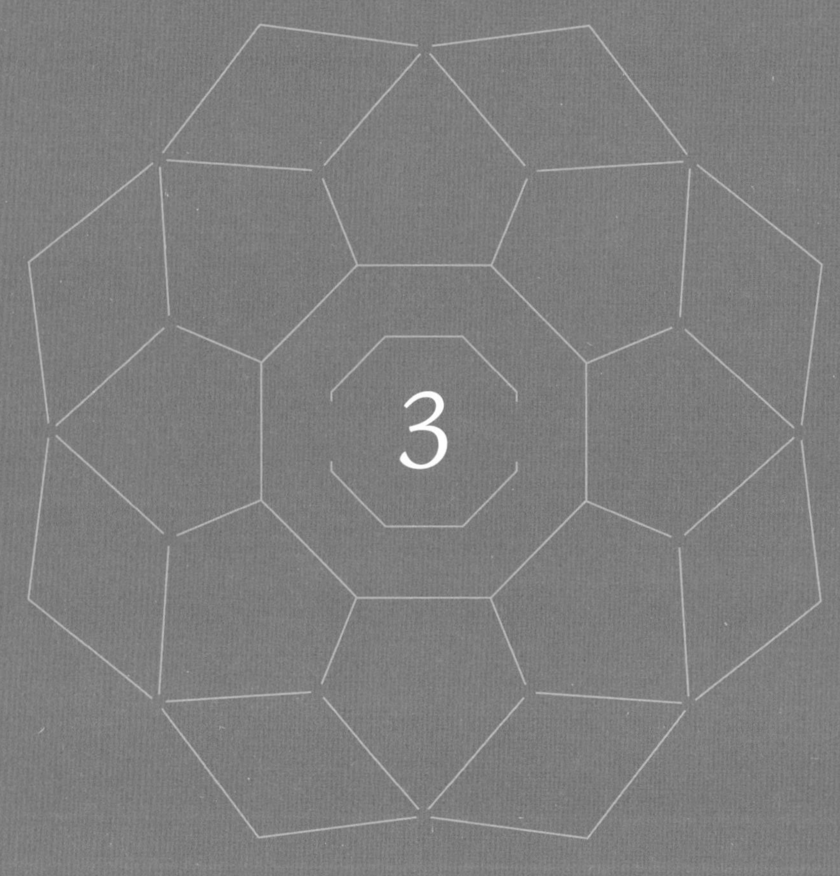

3

대자연의 도, 사람의 길

안운산 태상종도사 大道 말씀

지구 1년 초목 농사, 우주 1년 인간 농사

대도 말씀 · 150일 필사

우주원리를 대분大分하면

초목개벽을 하는 것을 '지구년'이라 하고,

인간개벽을 하는 것을 '우주년'이라 한다.

이 지구가 태양을 한 바퀴 돌면서 춘하추동 사시 변화과정을 거쳐 이루어지는 것을 '지구 1년'이라 하고, 대우주가 한 바퀴 순환하면서 사람 농사를 짓는 것을 '우주 1년'이라 한다.

1320509 태전 강연회

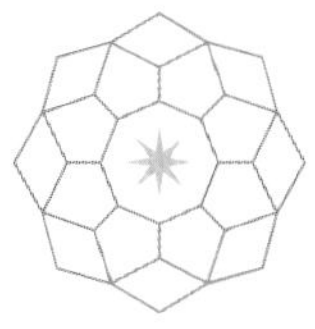

인간은 우주의 주체, 천지의 주체가 되는 존재다.

사람이 천지의 주체다.

사람은 천지를 상징해서 생겨난 존재다.

천지라 하는 것은

사람 농사를 짓기 위해서 돌아간다.

천지일월이 다만 사람 농사를 짓기 위해서

있는 것이다.

인간은 우주의 주체, 천지의 주체가 되는 존재다. 사람이 천지의 주체다. 사람은 천지를 상징해서 생겨난 존재다. 천지라 하는 것은 사람 농사를 짓기 위해서 돌아간다. 상제님 말씀으로 전하면, 천지는 일월이 없으면 빈 껍데기요, 일월은 사람이 없으면 빈 그림자다. 천지일월이 다만 사람 농사를 짓기 위해서 있는 것이다.

1390412 부산 순방

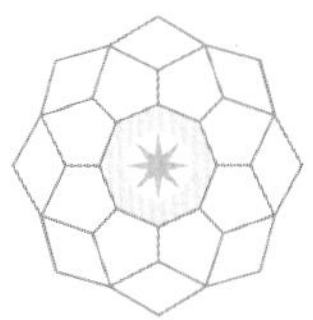

1년 춘하추동, 생장염장生長斂藏이라 하는 것은
가을에 열매 하나 맺기 위해서 돌아간다.
만일 가을에 결실하지 못한다고 할 것 같으면
봄·여름이라 하는 것은
한 푼어치도 필요치 않은 과정이다.

만일 가을에 결실하지 못한다고 할 것 같으면 봄·여름이라 하는 것은 한 푼어치도 필요치 않은 과정이다. 가을에 결실, 알캥이, 열매 하나를 얻기 위해서 지구년도 우주년도 생장염장, 주이부시周而復始하여 둥글어 간다.

1350713 울산 순방

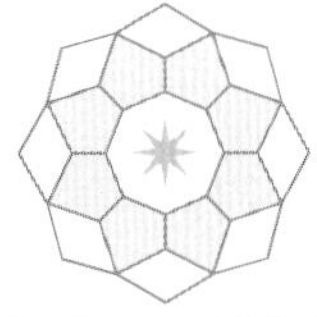

‘우주변화 원리 도표’ 그려 놓은 것 있지 않은가.

우주년 12만9천6백 년을 바탕으로, 금목수화토金木水火土 오행,

춘하추동春夏秋冬, 동서남북東西南北, 여러 가지를 다 붙여서

종이 한 장에 일목요연하게 그려내 놓았다.

분열·생장 과정 전반기 춘하春夏 6만4천8백 년,

통일·수장 과정 후반기 추동秋冬 6만4천8백 년으로 나눠서

‘우주변화 원리 도표’를 만들었다.

하늘땅 생긴 이후로 내가 처음 만들어 내놓았다.

상제님 사업하려고,

다시 말해서 개벽하는 세상에 사람 살리려고 내놓은 것이다.

내가 '우주변화 원리 도표'로써

이 천지가 둥글어 가는 이법을 밝혀 놓았다.

하늘도, 땅도, 역사 법칙도 그 둥글어 가는 틀이

우주변화 원리 도표에 나와 있다.

내가 '우주변화 원리 도표'로써 이 천지가 둥글어 가는 이법을 밝혀 놓았다. 하늘도, 땅도, 역사 법칙도 그 둥글어 가는 틀이 우주변화 원리 도표에 나와 있다. 초등학교를 안 나와도 누구도 '옳거니 맞다. 아 참 그렇구나' 하고 알 수 있도록 쉽게 그려내 놓았다.

1390624 인천 순방

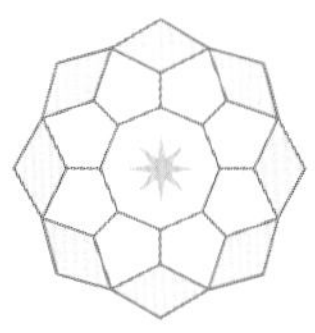

천지의 목적이라는 것은
'사람 농사'를 짓는 것이다.
우주년의 봄철에 사람 씨를 뿌려서
여름철에 키워서
가을철에 '참사람'을 결실한다.

천지의 목적이라는 것은 '사람 농사'를 짓는 것이다. 우주년의 봄철에 사람 씨를 뿌려서 여름철에 키워서 가을철에 '참사람'을 결실한다. 이번에는 자자손손 계계승승해서 국가와 민족을 위해, 인류를 위해, 세상을 위해서 바르게 산 사람들의 혈통만 추려진다.

1350403 증산도대학교

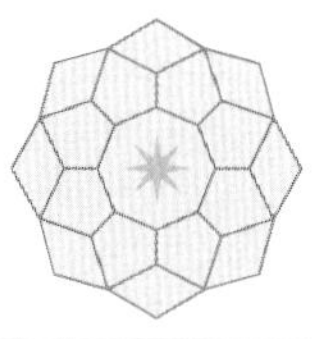

4

대자연의 도, 사람의 길

안운산 태상종도사 大道 말씀

천지이법과 인류 문명

대도 말씀 · 150일 필사

인류 역사, 인류 문화라 하는 것은
자연 섭리가 성숙됨에 따라서 함께 발전한다.
자연 섭리, 생장염장生長斂藏이
주이부시周而復始해서 둥글어 가는 대로,
그 변화 법칙에 따라서 인류 역사도
변화하고 발전하는 것이다.

인류 역사, 인류 문화라 하는 것은 자연 섭리가 성숙됨에 따라서 함께 발전한다. 자연 섭리, 생장염장이 주이부시해서 둥글어 가는 대로, 그 변화 법칙에 따라서 인류 역사도 변화하고 발전하는 것이다.

1350206 증산도대학교

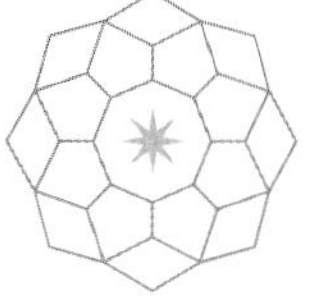

천지이법이 성숙됨에 따라서
인류 문화도 성숙된다.
사람이라 하는 것은
천리天理와 더불어 창조의 경쟁을 한다.
'목극토, 금극목, 화극금, 수극화의 이치'로
인류 문화가 발전한다.

천지이법이 성숙됨에 따라서 인류 문화도 성숙된다. 사람이라 하는 것은
천리와 더불어 창조의 경쟁을 한다. '목극토, 금극목, 화극금 수극화의 이치'로
인류 문화가 발전한다.

1351222 동지 치성

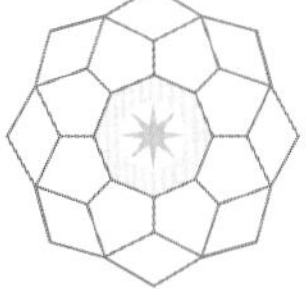

이제는 수극화水克火다.

물이라 하는 것은 북방 1·6수, 현무玄武, 조화造化다.

이번에는 상제님 진리를 논하기 이전에

천지가 둥글어 가는 이법이 수극화 해서

조화로써 핵무기고 무엇이고 다 눌러 버린다.

그게 다 매듭지어져 버린다.

신인이 합일하는 조화로써

우주 1년을 마무리하는 것이다.

인류 역사라 하는 것도 자연 섭리가 성숙됨에 따라서 변해간다. 전쟁 무기로 예를 들면, 처음에 흙덩이 던지고 싸우다가 목극토木克土로 목물 무기가 나와 흙덩이를 이기고, 다음에는 금극목金克木해서 철퇴, 칼, 도끼 같은 것을 가지고 한동안 싸우더니 지금은 화극금火克金해서 전부 불무기이다. 그런데 이제는 수극화水克火다.

1340512 서울 순방

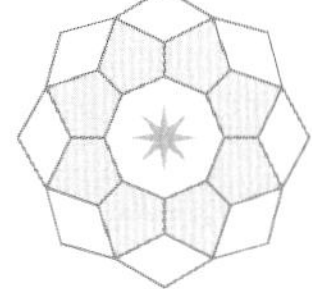

이번에는 천지가 둥글어 가는 이치를 알아야만 살 수가 있다.
그래서 상제님이 "천하대세를 아는 자는 천하의 살 기운이 있고,
천하대세에 어두운 자는 죽는 수밖에 없다."고 하셨다.

이번에는 이 세상이 둥글어 가는 때를 알아야 살 수 있다.
이 때를 모르면 그냥 세상과 더불어,
천지 운로와 더불어 넘어가고서 만다.

생물이라는 게 호호탕탕한 천지 가운데서
대자연 섭리에 의해 그저 왔다 가는 것이다.
그 가운데 왔다가 제가 철을 응용하지 못하고,
기회를 붙잡지 못하면 아무 소용이 없다.

우주만유는 우주변화 원리에 의해,

대자연 섭리에 의해 생성生成한다.

천지가 있으면 일월이 있어야 한다.

천지일월이라 하는 것은

사람 농사를 짓기 위해서 존재한다.

인류 역사도 자연 섭리가 성숙됨에 따라

그 시의時宜에 상응相應해서 전개된다.

우주만유는 우주변화 원리에 의해, 대자연 섭리에 의해 생성生成한다. 마찬가지로 인류 역사도 자연 섭리가 성숙됨에 따라서 전개된다. 인류 역사도 자연 섭리가 성숙됨에 따라 그 시의에 상응해서 전개된다.

1320509 태전 강연회

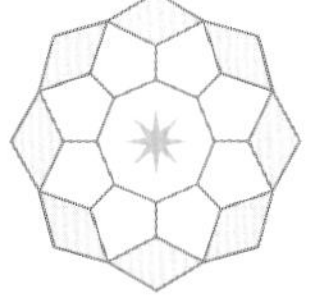

천리天理가 성숙됨에 따라서,
역사가 발전됨에 따라서
더불어 인류 문화가 나온다.
인류 역사가 어떻게 발전되었느냐 하면
목극토木克土, 금극목金克木, 화극금火克金,
수극화水克火, 토극수土克水로 둥글어 왔다.
자연 섭리에 의해서 그렇게만 되어지는 것이다.

천리가 성숙됨에 따라서, 역사가 발전됨에 따라서 더불어 인류 문화가
나온다. 우주의 봄철은 천리지상시대天理至上時代, 천존天尊 문화이고, 여름은
지리지상시대地理至上時代, 지존地尊 문화이고, 가을철은 인문지상시대人文
至上時代, 인존人尊 문화가 열린다. 천존, 지존, 인존이다.

1351204 증산도대학교

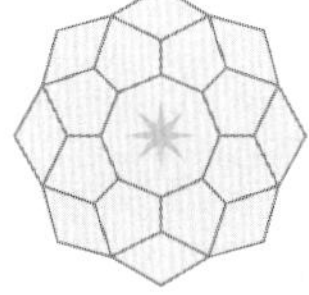

5

대자연의 도, 사람의 길

안운산 태상종도사 大道 말씀

천지이치에 어두운 철부지

대도 말씀 · 150일 필사

세상에서 사람을 평가할 때
'그 사람 철부지다.',
'철딱서니 없는 사람이다.'라고 할 때가 있다.
만유의 생명이라 하는 것은 자연 속에서 왔다 간다.
만유 생명의 영장인 사람으로서
철을 모르고 산다면,
가치관으로 해서 사람이라 할 수 없다.

세상에서 사람을 평가할 때 '그 사람 철부지다.', '철딱서니 없는 사람이다.' 라고 할 때가 있다. 만유의 생명이라 하는 것은 자연 속에서 왔다 간다. 만유 생명의 영장인 사람으로서 철을 모르고 산다면, 가치관으로 해서 사람이라 할 수 없다.

1361112 증산도대학교

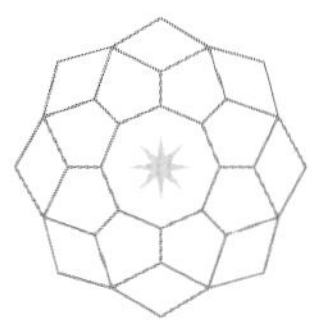

우리가 사는 이 시점은 바로

천지의 철이 바뀌는 때,

천지의 질서가 바뀌는 때다.

지금은 철을 모르면 진짜로

후천 5만 년 넋 빠진 사람이 돼버리고 만다.

우리가 사는 이 시점은 바로 천지의 철이 바뀌는 때, 천지의 질서가 바뀌는 때다. 지금은 철을 모르면 진짜로 후천 5만 년 넋 빠진 사람이 돼버리고 만다. 그래서 이번에는 사람이라면 반드시 길을 찾아야 한다.

1361112 증산도대학교

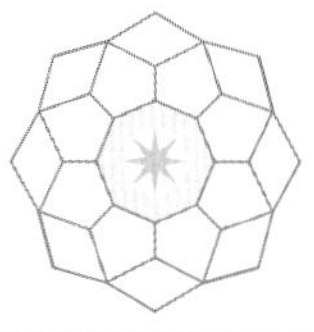

'만물지중萬物之中에

유인唯人이 최귀야最貴也라.' 라고 했다.

만유의 생명 중에 가장 존귀하고

영특한 존재가 사람이다.

만유 생명 중에 가장 영특한 존재로서

이 천지가 둥글어 가는 이치만은

알고 살아야 한다.

천지 이법이라 하는 것은 누가 고치지도 못한다. 그렇게 되는 수밖에 없고 그렇게만 둥글어 간다. 이것이 대자연 섭리다. 만유 생명 중에 가장 영특한 존재로서 이 천지가 둥글어 가는 이치만은 알고 살아야 한다.

1380203 마산 순방

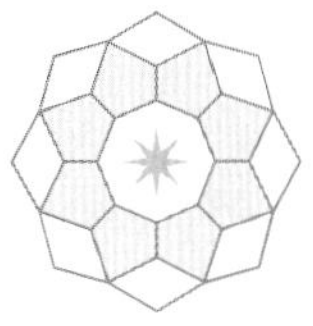

우주만유가 우주변화 원리에 의해,
대자연 섭리에 의해 생성生成을 하듯
인류 역사도 자연 섭리가 성숙됨에 따라서 전개된다.

우주원리를 대분大分을 하면
초목개벽을 하는 것을 지구년이라 하고,
인간개벽을 하는 것을 우주년이라 한다.

이 지구가 태양을 한 바퀴 돌면서
춘하추동 사시 생장염장生長斂藏하는
변화과정을 거쳐 이루어지는 것을 '지구 1년'이라 하고,
대우주가 한 바퀴 순환하면서 사람 농사를 한 번 짓는 것을
'우주 1년'이라 한다.

상제님 말씀에 "지천하지세자知天下之勢者는
유천하지생기有天下之生氣하고,
암천하지세자暗天下之勢者는
유천하지사기有天下之死氣니라."라는 말씀이 있다.
"천하대세를 아는 자에게는
천하의 살 기운生氣이 붙어 있고,
천하대세에 어두운 자에게는
천하의 죽을 기운死氣밖에 없다."는 말씀이다.
이번에는 알면 살고, 모르면 죽을 수밖에 없다.

천지라 하는 것은 춘생추살春生秋殺을 한다. 천지의 대덕으로도 봄에는 물건 내고 가을철에는 죽여버리는 은혜와 위엄으로써 이루어진다. 우리는 지금 개벽철에 살고 있기 때문에, 이번에는 이걸 알아서 사는 길을 선택해야 한다.

1340215 입문 교육

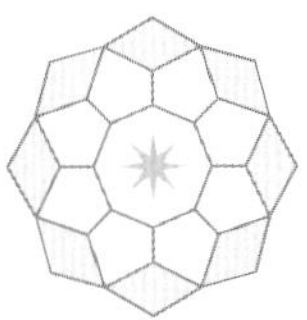

이번에는 동양 사람이건, 서양 사람이건,
하늘을 쓰고 도리질을 하는 사람이건
이 천지가 둥글어 가는 이치에
어두울 것 같으면 죽을 수밖에 없다.
아무런 방법이 없다.
천지의 이치를 누가 어떻게 거스르겠는가?

천지라 하는 것은 다시 말해서, 춘생추살, 봄철에는 물건을 내고 가을철에는 죽여 버리는, 그것만 한다. 작년에도 춘생추살, 봄철에 물건 내서 가을철에 죽여 버렸고, 10년 전에도 춘생추살을 했고, 백 년 전에도 그랬고, 백 년 후도 그럴 게다.

1340919 입도 교육

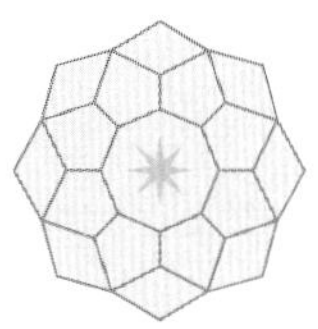

6

대자연의 도, 사람의 길

안운산 태상종도사 大道 말씀

천지의 대도, 춘생추살

대도 말씀 · 150일 필사

천지의 도道라 하는 것은 한마디로 묶어서
'춘생추살春生秋殺'이다.
봄에는 물건을 내는 정사政事만 주장하고,
가을철에는 죽이는 정사만 주장한다.
이것은 역천불변易天不變하는 원리다.
하늘이 바뀐다 하더라도
절대 바뀔 수 없는 그런 절대적인 원리다.

천지에서 사람 농사를 지어서 개벽하는 때에는 추살 기운으로 내리치고 씨 종자를 거둔다. 봄에는 물건 내고 가을에는 죽이고, 춘생추살이다. 춘생추살은 천지의 법칙이다. 세세연년歲歲年年, 지구년으로 보더라도 작년도 그렇고, 십 년 전도 그렇고, 천 년 전도 그렇고, 금년도 똑같을 것이고, 명년도 내명년도 똑같을 것이다.

1390412 부산 순방

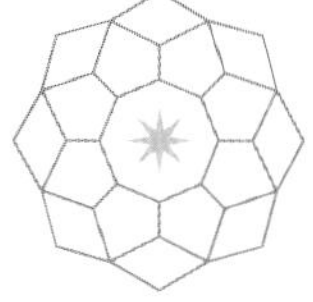

대자연의 섭리, 대자연의 법칙이라 하는 것은
백 번 얘기해도 '춘생추살春生秋殺'이다.
봄에는 새싹을 틔우고
가을철에는 죽여 버리는 그것 이상
더도 덜도 없다.
이 원리는 역천불변하는 절대적인 원리다.

대자연의 섭리, 대자연의 법칙이라 하는 것은 백 번 얘기해도 춘생추살이다.
봄에는 새싹을 틔우고 가을철에는 죽여 버리는 그것 이상 더도 덜도 없다.
이 원리는 역천불변하는 절대적인 원리다.

1360301 대구 순방

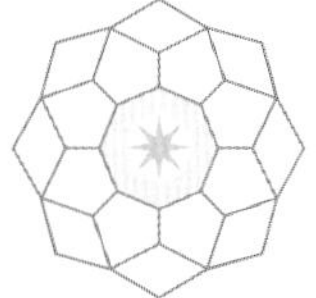

천지의 대도大道라 하는 것은,
백 번을 말을 한다 하더라도
'춘생추살春生秋殺'이다.
춘생추살은 천지의 목적目的이요,
천지의 혼魂이다.

천지의 대도라 하는 것은, 백 번을 말을 한다 하더라도 '춘생추살'이다. 춘생추살은 천지의 목적이요, 천지의 혼이다. 하늘과 땅은 춘생추살이라는 목적을 달성하기 위해서 구성되어 있는 것이다.

1370408 증산도대학교

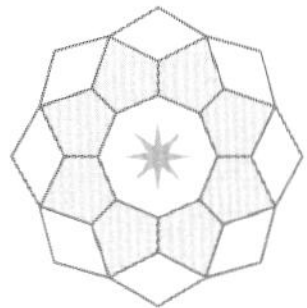

천지이법이라는 것은 춘생추살春生秋殺,
봄에는 물건 내고 가을철에는 죽여 버리는 생사양로生死兩路밖에 없다.
사는 길과 죽는 길이 있을 뿐이다.

대자연 섭리가 봄철에는
물건을 내고 가을철에는 죽여 버린다.
천지는 그 두 가지 일만 한다.
지금은 죽이는 세상이다. 천지이법이 그렇다는 말이다.
누가 죽이는 게 아니다.
천지에서 죽이는 시운時運을 맞이했다.

이 대우주 천체권이라 하는 것은

춘생추살春生秋殺이다.

거룩한 천지天地라고 해서

무한정으로 내서 기르기만 하는 것이 아니다.

어느 시점에 가서는 죽여 버린다.

이른바 생멸生滅이다!

천지는 이렇게 '내고 죽이고'만

반복하는 것이다.

이 대우주 천체권이라 하는 것은 춘생추살이다. 봄에는 천지에서 싹을 틔워서 생명을 내는 정사政事만 하고, 가을철에는 죽이는 정사만 한다. 거룩한 천지라고 해서 무한정으로 내서 기르기만 하는 것이 아니다. 어느 시점에 가서는 죽여 버린다. 이른바 생멸生滅이다!

1390329 보은대각성회

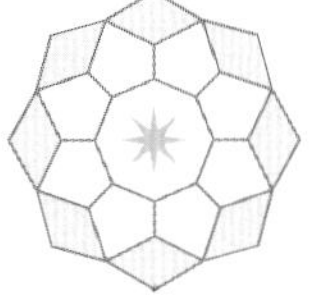

천지의 이치라 하는 것은
묶어서 춘생추살春生秋殺이다.
봄에는 물건을 내고 가을철에는 죽이고!
그 두 가지밖에 없다.
하나님의 조화도 그걸 위해서
다 바치지 않을 수 없다.

천지는 12만9천6백 년 만에 한 바퀴씩 돌아간다. 전반기 춘하春夏 6만 년, 후반기 추동秋冬 6만 년, 전 6만 년 후 6만 년 해서 선후천先後天이다.
우리는 지금 더운 세상에서 추운 세상으로 가는 선후천이 교차되는 시기를 맞이했다. 물건을 내는 세상에서 죽이는 세상으로 천지의 철이 바뀌는, 여름과 가을이 바뀌는, 천지에서 죽여 버리는 때를 맞이한 것이다.

1361109 상제님 성탄치성

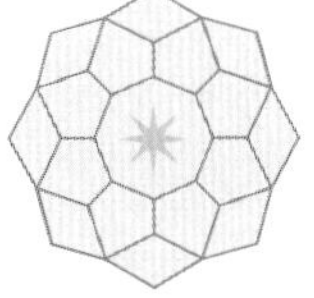

대자연의 도, 사람의 길

안운산 태상종도사 大道 말씀

천지가 둥글어 가는 틀, 생장염장

대도 말씀 · 150일 필사

생장염장生長斂藏,
봄에는 물건을 내고 여름철에는 기르고,
가을철에는 춘하에 생장한 진액을
전부 뽑아 모아 열매를 맺고, 겨울철에는 폐장하고,
새 봄이 오면 다시 새싹을 낸다.
이것은 역천불변하는, 하늘이 변한다 하더라도
다시 바꿀 수 없는 아주 절대적인 원리다.

생장염장, 봄에는 물건을 내고 여름철에는 기르고, 가을철에는 춘하에 생장한 진액을 전부 뽑아 모아 열매를 맺고, 겨울철에는 폐장하고, 새 봄이 오면 다시 새싹을 낸다. 이것은 역천불변하는, 하늘이 변한다 하더라도 다시 바꿀 수 없는 아주 절대적인 원리다.

1320509 태전 강연회

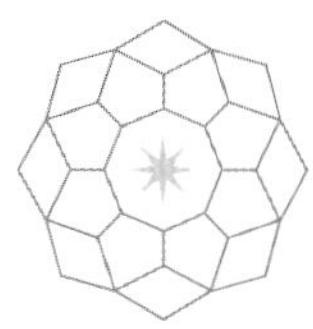

천지가 생장염장生長斂藏으로 둥글어 간다.

봄에는 생生을 하고 여름철에는 장長을 하고

또 가을철에는 수렴收斂을 하고

겨울에는 폐장閉藏을 한다.

대자연 섭리가 그렇게 돼 있다.

그 틀을 벗어날 수가 없다.

천지가 생장염장으로 둥글어 간다. 봄에는 생을 하고 여름철에는 장을 하고 또 가을철에는 수렴을 하고 겨울에는 폐장을 한다. 대자연 섭리가 그렇게 돼 있다. 그 틀을 벗어날 수가 없다.

1420428 태모님 성탄치성

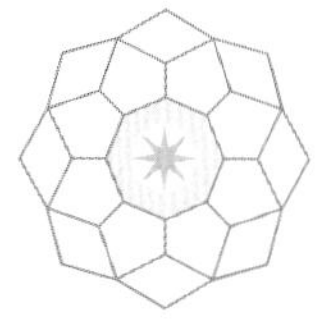

우리가 살고 있는 지금 이 시점은
대자연 섭리로 볼 때, 여름과 가을이 바뀌는
우주의 하추교역기夏秋交易期다.
우주년에는 춘하추동, 생장염장으로
둥글어 가는 사계절이 있다.
지금 이 시점은 춘하, 봄·여름 세상이 이미 지나가고,
가을·겨울 세상을 앞두고 있는
바로 그런 시점이다.

우주년에도 춘하추동, 생장염장으로 둥글어 가는 사계절이 있다. 지금 이 시점은 춘하, 봄·여름 세상이 이미 지나가고, 가을·겨울 세상을 앞두고 있는 바로 그런 시점이다.

1420428 태모님 성탄치성

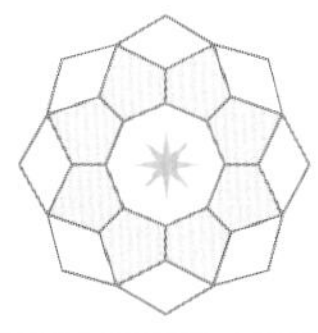

우주원리에서 벗어나면 말 안 되는 소리고 필요 없는 소리다.
상제님 진리는 우주원리, 자연 섭리이고,
자연 섭리가 상제님 진리다.

봄·여름·가을·겨울, 생장염장生長斂藏,
자연 섭리는 정해져 있는 것 아닌가.
봄철이 되면 씨 뿌리고 여름철에는 가꾸고
가을철에는 열매를 딴다.

천지의 이법에 따라
수생목水生木, 목생화木生火, 화생토火生土, 토생금土生金, 금생수金生水,
이렇게만 둥글어 가는 것이다.

만유생명은

대자연 섭리, 생장염장生長斂藏이라는

정해진 틀 속에서 생성을 한다.

지금 우리는 자연 질서가

생장生長에서 염장斂藏을 하는

바로 그 교차점에 살고 있다.

생장에서 염장으로 넘어가는 이 마디는

'통일을 하는 때'다.

만유생명은 대자연 섭리, 생장염장이라는 정해진 틀 속에서 생성을 한다.
지금 우리는 자연 질서가 생장에서 염을 하는 바로 그 교차점에 살고 있다.
생장에서 염장으로 넘어가는 이 마디는 '통일을 하는 때'다. 다시 말해서
'열매를 맺는 때'다. '창조의 경쟁을 하는 시대'다.

1311128 전주 순방

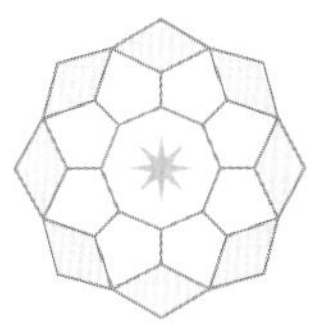

인류 문화라 하는 것도
'생장염장'이라는 틀 그대로,
천리天理가 성숙됨에 따라
역사와 더불어 발전하는 것이다.
이제 새로운 문화, 가을의 열매기 문화,
통일된 문화, 신인이 합일하는,
신명과 사람이 하나가 되는 문화가 열린다.

인류 문화라 하는 것도 '생장염장'이라는 틀 그대로, 천리가 성숙됨에 따라 역사와 더불어 발전하는 것이다. 문명도 새로운 문화, 가을의 열매기 문화, 통일된 문화, 신인이 합일하는, 신명과 사람이 하나가 되는 문화가 열린다. 바야흐로 가을철 하추교역기를 맞이하여, 인류 역사를 매듭짓기 위해 우주의 주재자 상제님께서 오셔서 새 문화를 창출하신 것이다.

1330907 증산도대학교

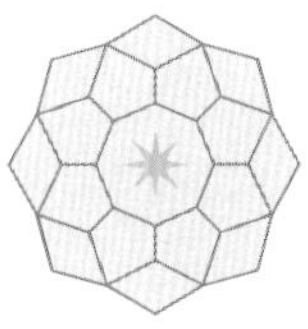

8

대자연의 도, 사람의 길

사람은 우주변화 원리부터 알아야

대도 말씀 · 150일 필사

지금은
천지의 이치가 바뀌는 때다.
상제님 진리를 알기 위해서는
'우주변화 원리'를 알아야 한다.

우주변화 원리에 의해 여름과 가을이 바뀌는 때가 돼서, 상제님이 오셔서 인간 씨종자를 추리는 사람 개벽을 하신다. 상제님은 선천 세상에 천지에서 사람 농사 짓는 역사 과정에서 발생한 것을 전부 걸러서 매듭을 짓고 새 세상을 열기 위해 오신 것이다. 그래서 우주변화 법칙을 알아야 상제님 진리를 알고 '사상 신앙'을 할 수가 있다.

1350713 울산 순방

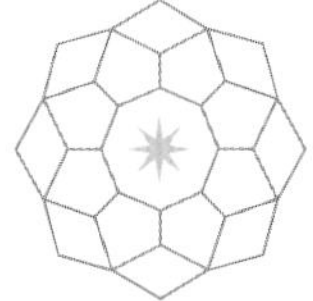

상제님 진리를 확실히 알고 신앙해야 한다.

내가 사상思想 신앙을 늘 강조한다.

사상 신앙이 뭐냐 하면 한마디로

알고서 믿는 걸 말한다.

상제님 진리, 우주원리를 바탕으로 해서

옳고 그른 것을 앎으로써

남한테 흔들리지도 않고 바른 길을 갈 줄도 안다.

상제님 진리를 확실히 알고 신앙해야 한다. 내가 사상 신앙을 늘 강조한다. 사상 신앙이 뭐냐 하면 한마디로 알고서 믿는 걸 말한다. 상제님 진리, 우주 원리를 바탕으로 해서 옳고 그른 것을 앎으로써 남한테 흔들리지도 않고 바른 길을 갈 줄도 안다.

1330126 신입도생교육

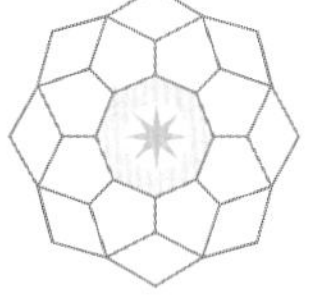

사람은 무엇을 탐구하기 이전에

그 바탕을 알아야 한다.

대우주 천체권이 둥글어 가는 바탕, 틀 속에서

지구년도 논하고 우주년도 논해야 한다.

그 바탕을 모르고는 이야기가 될 수 없다.

시계 톱니바퀴가 맞물려서 돌아가듯 대자연 섭리는 주이부시해서 둥글어 간다. 그렇게 돌아가는 수밖에 없고 반드시 그렇게만 돌아간다. 대자연 섭리는 대우주가 순환무궁循環無窮하게 둥글어 가는 틀, 철칙이다. 사람은 무엇을 탐구하기 이전에 그 바탕을 알아야 한다.

1420428 태모님 성탄치성

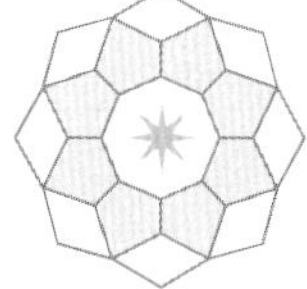

지구상에서 자연 섭리 얘기하는 데는 오직 증산도밖에 없다.

내가 상제님 진리를 뿌리내리느라 우주원리를 계발한 사람이다.
우주원리, 자연 섭리야 본래 있는 것이지만,
내가 약 55년 전에 우주변화 원리 도표를 그려 내놨다.

내가 우주변화 원리 도표를 그리고 나서,
20년 후에 한동석 씨가 『우주변화의 원리』라는 책을 썼다.
내가 스물다섯 살 때 처음으로 우주변화 원리 도표를 그렸는데,
그 도표 안에 있는 내용이 『우주변화의 원리』 책에 다 들어있다.

확신에 찬 신앙을 하기 위해서는
우주변화 원리를 뚫어꿰야 한다.
우주변화 원리를 교육시키는 데는
이 지구상에 증산도밖에 없다.
우주변화 원리를 알고 보면 이통理通을 한다.
이치를 통하게 된다.
도통한 사람이라도 이치를 바꿀 수는 없다.

확신에 찬 신앙을 하기 위해서는 우주변화 원리를 뚫어꿰야 한다. 우주변화 원리를 알고 보면 이통을 한다. 이치를 통하게 된다. 상제님 진리에 확신을 갖기 위해서도 우주변화 원리를 반드시 교육받아야 한다.

1320908 증산도대학교

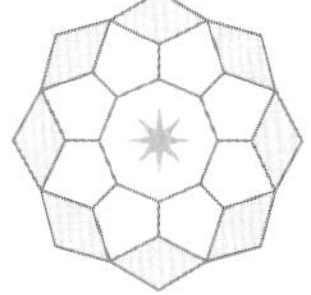

우주변화 원리를 알 것 같으면
지구상에 있는 대학 다 다니는 것보다 낫고,
박사 백 개보다 낫다.
이 하늘 밑 대우주 천체권 내에서
우주원리, 자연 섭리, 그 공명정대한 진리권에서
공명정대한 교육을 시키는 데가 바로 여기다.

상제님 진리를 접해서 『도전』을 통독할 것 같으면 박사 백 개보다 낫다.
우주변화 원리를 알 것 같으면 지구상에 있는 대학 다 다니는 것보다 낫고,
박사 백 개보다 낫다. 이 하늘 밑 대우주 천체권 내에서 우주원리, 자연 섭리,
그 공명정대한 진리권에서 공명정대한 교육을 시키는 데가 바로 여기다.

1340606 증산도대학교

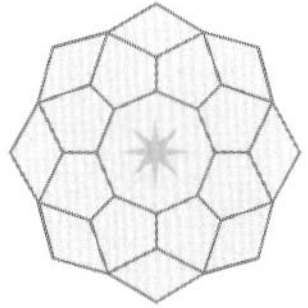

9

대자연의 도, 사람의 길

안운산 태상종도사 大道 말씀

지금은 하추교역기

대도 말씀 · 150일 필사

지금은 선후천의 갈림길이다.
우리가 살고 있는 이 시점이 바로
금화교역기金火交易期다.
여름이 끝나고 결실하는 가을철이 시작되는,
금풍金風이 소슬蕭瑟한 때다.

우리가 살고 있는 이 시점이 바로 금화교역기다. 가을은 열매를 여물어야 하는 때다. 그 키포인트를 들고 오는 분, 우주의 조화옹, 절대자가 신미辛未생으로 오셨다. 지구년이고 우주년이고 신미, 그 기운으로 열매가 여문다. 절대자가 인간 세상에 강림하지 않고서는 개벽을 할 수가 없다.

1341205 증산도대학교

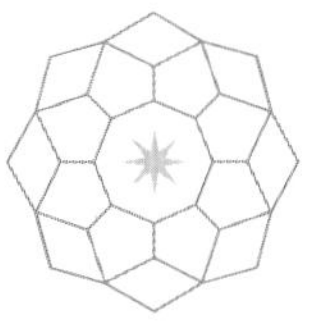

우리가 살고 있는 이 시점은 바로

금화교역기金火交易期,

하추夏秋가 교역하는,

천지의 질서가 바뀌는 때다.

지구 1년으로 말하면

여름에서 가을로 바뀌어

알캥이, 열매를 맺는 때다.

우주년으로 말하면

사람 농사를 지어서 인종 씨를 추리는 때다.

우리가 살고 있는 이 시점은 사람 농사를 지어서 인종 씨를 추리는 때다. 천지에서 사람 농사를 지어서 여러 천 년 동안 각색 혈통이 사회생활을 하면서 바르게 살았느냐, 자신의 이득을 위해서 못되게 살았느냐, 그걸 플러스, 마이너스해서 쓸 종자, 바르게 산 종자, 그 씨를 추리는 때다.

1350713 울산 순방

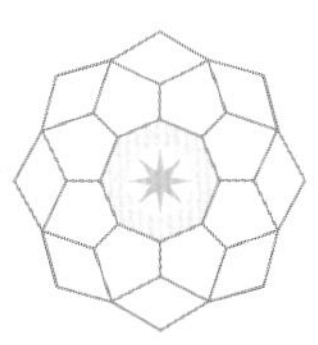

우리는 바로 우주의 하추교역기,

여름에서 가을로 바뀌는 시점에 살고 있다.

지금 그런 세상을 살고 있기 때문에

이번에는 반드시

대우주의 이법을 알아야 살 길을 찾는다.

우리는 바로 우주의 하추교역기, 여름과 가을이 바뀌는 시점에 살고 있다. 이걸 행운이라 할까 불행이라 할까. 지금 그런 세상을 살고 있기 때문에 이번에는 반드시 대우주의 이법을 알아야 살 길을 찾는다.

1320502 대구 강연회

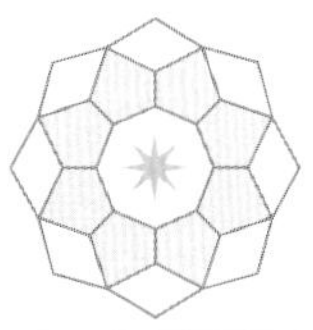

하추가 교역하는 이때는 필연적으로 개벽이 일어난다.
여름의 불(火)에서 가을의 추금秋金 세상을 맞이하는데
화극금火克金해서 단절이 되기 때문이다.

그럼 가을 세상은 어떻게 해서 열리고, 갈 수 있는가?
상생相生으로 '화생토火生土,
토생금土生金'으로 가는 수밖에 없다.
중앙 토궁土宮으로 들어가서
화생토火生土 토생금土生金해야 한다.

지금은 천지의 틀이 바뀌는 때다.

환절기換節期이다.

여름에서 가을로 바뀌는 때는

천지 이법이 바뀐다.

더운 세상에서 추운 세상으로,

물건을 내서 기르는 세상에서

폐장을 하는 세상으로 넘어간다.

이번에는 새 틀이 나온다.

지금은 천지의 틀이 바뀌는 때다. 환절기이다. 이번에는 새 틀이 나온다.
봄·여름 세상의 진리는 가버리고, 가을·겨울 세상의 진리가 새로 나온다.

1340822 개벽문화한마당

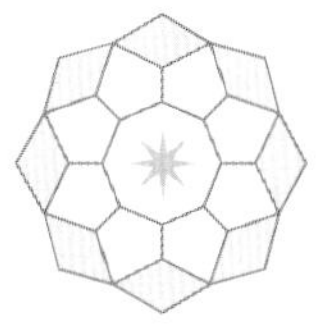

우리가 살고 있는 이 시점은

화극금火克金해서

상극이 붙어서 개벽을 하는 때다.

우주일년 중, 전 6만4,800년

봄·여름 세상이 지나갔다.

이제는 가을·겨울 세상을 맞이하려 한다.

그런데 여름에서 가을로 갈 때는 그냥 건너가지 못한다.

그때 일어나는 개벽을 극복하기 위해서

절대자 상제님께서 오신다.

그 개벽을 극복하기 위해서 요 때가 되면 반드시 토궁土宮에서 절대자 상제님께서 오신다. 그분을 불가에서는 '미륵부처'라 했고, 기독교에서는 '아버지 하나님'이라 했다. 사도 요한은 '백보좌 하나님'이라는 말도 했고, 유가 도가에서는 '옥황상제'라 했다. 그분이 아니면 봄·여름 세상에서 가을·겨울 세상을 이어줄 수 없다.

1360813 증산도대학교

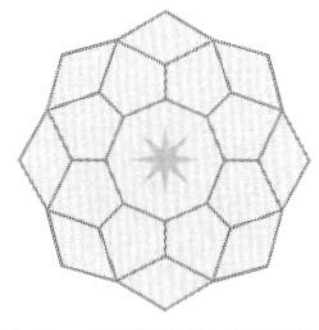

10

대자연의 도, 사람의 길

지금은 사람 개벽을 하는 때

우리가 살고 있는 이 시점은

바로 일 년 초목 농사를 지어서

가을철에 알캥이를 추수하는 것과 같이,

천지에서 사람 농사를 지어서

'사람 개벽, 사람 씨종자를 추리는 때'다.

다행인지 불행인지 우리는 개벽하는 시점에 살고 있다. 사람이라 하는 것은 그 시의時宜에 맞는 행동을 하고 시의에 맞는 노릇을 해야 복 받고 잘살 수 있다. 종교라 하는 것은 새 문화라야 한다. 지금 여름에서 가을로 바뀌는 이 때, 시의에 맞는 문화가 나와야 한다.

1350126 수원 순방

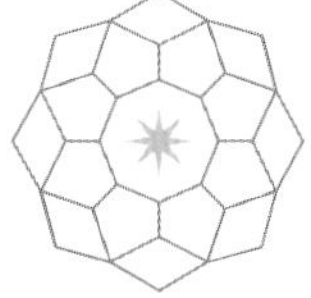

지구 일 년의 하추교역기에는

초목이 개벽을 하듯이,

우주 일 년의 하추교역기에는

사람도 개벽을 한다.

그게 천지에서 정해진 이법이다.

이번에 사람 씨종자 추리는 것은 맨 처음 조상 할아버지 유전인자의 모습을 도로 찾는 것이다. 이름하여 '원시반본原始返本'이다. 봄철에 씨앗을 던지면 거기서 싹이 터서 여름내 크다가 가을철에 가서 열매기를 맺잖는가. 본래의 제 모습으로 돌아가는 것, 그게 원시반본이다.

1340218 부산 순방

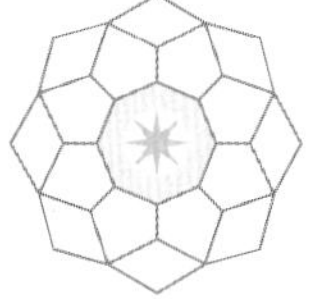

사람도 가을철에 가면

만유의 생명체와 똑같이 '개벽'을 한다.

천지에서 사람 농사를 지어서

이때가 되면 인간 씨종자를 추려 버린다.

우리는 불행하게도

'천지에서 가을개벽, 사람 개벽을 하는 때'에

태어났다.

우리는 불행하게도 천지에서 가을개벽, 사람 개벽을 하는 때에 태어났다. 대신에 이 여름에서 가을로 바뀌는 하추교역기에는 인존人尊문화라고, 사람의 지혜와 문화가 아주 극치로 발달해서 천지 이치에 같이 동참할 수 있는 문화가 생겨난다.

1360226 개벽문화한마당

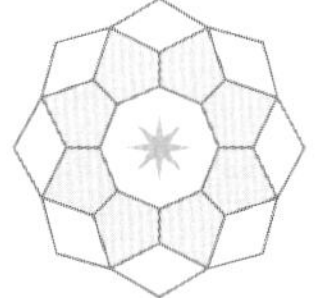

우주정신이라 하는 것은
천지·일월·사람이 삼위일체가 되어서,
이 하추교역기에 사람 농사 지은 것을 추수한다.

그 때 살아남는 사람은 바로 자기 시조에서부터
자자손손 백 대 이백 대 내려오면서,
죄 지은 것은 얼마나 되고
공 쌓고 덕 쌓은 것은 얼마나 되는지,
그것을 플러스 마이너스 해서
거기서 씨알이 될 만한 사람으로 추려진 것이다.

우리가 살고 있는 이 시점은

여름에서 가을로 바뀌는,

하추夏秋가 교역交易되는,

금화金火가 교역하는,

개벽을 하는 바로 그 시점이다.

지금 이 지구상에 생존하는 사람들은

개벽철에 살고 있는 것이다.

우리가 살고 있는 이 시점은 여름에서 가을로 바뀌는, 하추가 교역되는, 금화가 교역하는, 개벽을 하는 바로 그 시점이다. 지금 이 지구상에 생존하는 사람들은 개벽철에 살고 있는 것이다.

1371028 보은대각성회

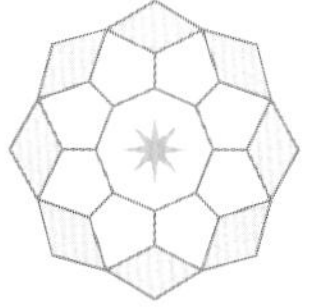

지금은 천지가 개벽을 하기 때문에
천지天地에 매달려야 한다.
천지일월天地日月에 매달려야 한다.
천지일월에 매달리지 않으면
그 생生이라는 것은 장담할 수가 없다.

지금은 천지가 개벽을 하기 때문에 천지天地에 매달려야 한다. 천지일월에 매달려야 한다. 천지일월에 매달리지 않으면 그 생이라는 것은 장담할 수가 없다.

1390304 전주 순방

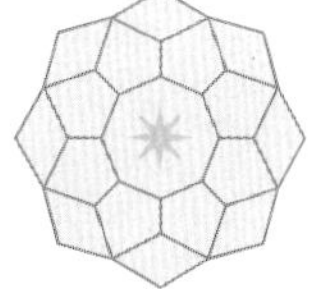

11

대자연의 도, 사람의 길

안운산 태상종도사 大道 말씀

왜 개벽이 일어나는가? '화극금'의 섭리

대도 말씀·150일 필사

우리가 살고 있는 이 시점은
가을을 맞이하려 하는 '하추교역기'이다.
여름에서 가을로 넘어가려는 때다.
이 금화교역기金火交易期에는
'화극금火克金'을 해서
반드시 개벽이 오게 되어 있다.

우리가 살고 있는 이 시점은 가을을 맞이하려 하는 '하추교역기'이다. 여름에서 가을로 넘어가려는 때다. 이 금화교역기에는 '화극금'을 해서 반드시 개벽이 오게 되어 있다.

1370819 상제님 성도절

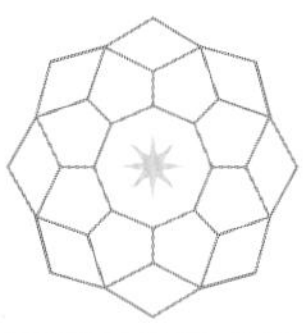

우리가 살고 있는 이 시점은
금 기운과 화 기운이 교역을 하는 때다.
'쇳덩이를 불에 넣으면 다 녹아버리듯'
화극금火克金해서,
금화가 서로 상극이 되어서
개벽이라는 대변혁이 일어난다.

왜 개벽이 일어나느냐? 그 이유는 음양오행으로 말해서 금화교역에 있다. 우리가 살고 있는 이 시점은 금 기운과 화 기운이 교역을 하는 때다. '쇳덩이를 불에 넣으면 다 녹아버리듯' 화극금해서, 금화가 서로 상극이 되어서 개벽 이라는 대변혁이 일어난다.

『천지의 도 춘생추살』 54쪽

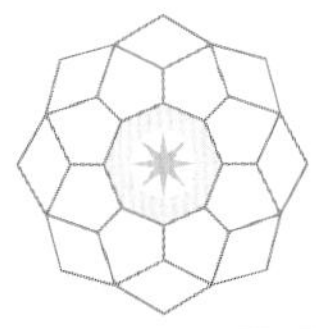

천지도 '음양오행 원리'로

순리順理대로 둥글어 가게 되어 있다.

가을 추운秋運이 돌아오는 이때는

여름 하절기의 불(火)과

가을의 금金이 상극相克이 돼서

개벽이 일어나게 된다.

틀이 그렇게 되어 있다.

천지도 '음양오행 원리'로 순리대로 둥글어 가게 되어 있다. 천지 둥글어 가는 틀이, 수생목水生木하고 목생화木生火하고 화생토火生土하고 토생금土生金하고 금생수金生水한다. 그렇게 짜여 있다. 그런데 가을 추운秋運이 돌아오는 이때는 여름 하절기의 불(火)과 가을의 금金이 상극相克이 돼서 개벽이 일어나게 된다. 틀이 그렇게 되어 있다.

1350126 수원 순방

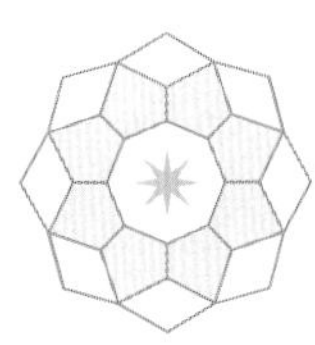

자연 질서가 개벽開闢을 한다.
사람 농사 지은 것도 개벽을 하고,
선천 문화권에서 발생한 인류의 문화도
총체적으로 개벽을 한다.

이 시점은 금화교역金火交易을 하는 때다.

우리가 살고 있는 지금 이 시점은

금화교역金火交易을 하는 때다.

우주 일 년의 여름에서 가을로 바뀌는 때다.

여름 불(火) 시대에서

가을 금金 시대로 넘어가는데

여기서는 화극금火克金을 해서

상극相克이 되기 때문에 직접 넘어갈 수가 없다.

우리가 살고 있는 지금 이 시점은 금화교역을 하는 때다. 우주 순환 법도라는 것이 여름에서 가을로 넘어가는 과정이 단절돼 있다. 화극금을 해서 가을 세상이 직접 연결되지 않는다.

1340714 춘천 순방

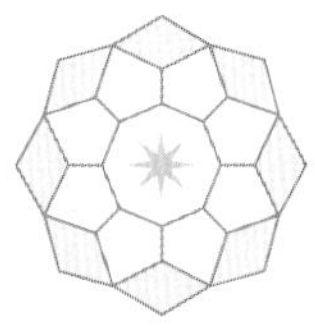

가을 세상으로 건너가야 하는데
여름에서 가을 결실철로 넘어가야 하는데
'화극금火克金'으로 상극이 붙어서
그냥 건너갈 수는 없다.
개벽開闢이라는 것을 상제님이 만드신 게 아니다.
천지가 둥글어 가는 틀이 그렇게 되어 있다.

개벽이라는 것은 상제님이 만드신 게 아니다. 천지가 둥글어 가는 틀이
그렇게 되어 있다. 그 틀을 지배하고 조정하는 키 포인트를 쥐고 계신 분이
바로 우리 상제님, 옥황상제님이시다. 화생토, 토생금해서 가을로 넘어가는
수밖에 없다.

1350109 증산도대학교

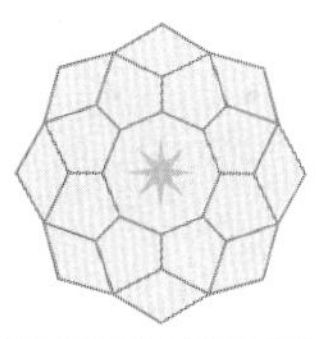

대자연의 도, 사람의 길

안운산 태상종도사 大道 말씀

사는 길, 죽는 길 '화생토 토생금'

대도 말씀 · 150일 필사

이 금화교역기라 하는 것은
필연적으로 화생토火生土, 토생금土生金해서
넘어가게끔 되어 있다.
이것은 누가 어거지로 만든 것도 아니고
오행五行의 이법이 그러하다.

천지의 이법이, 대자연의 질서가 그렇게 되어 있다. 그 토가 바로 여름에서
가을을 탄생시키는 모태母胎, 키포인트다. 가을 세상으로 넘어가는 문제가
전부 거기에 들어 있다.

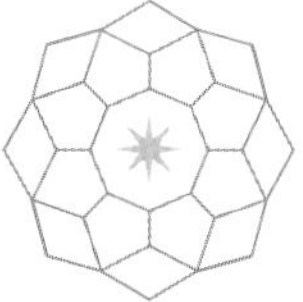

천지 이치가 화극금火克金해서,

상극相克이 돼서 개벽을 한다.

이 개벽을 축복하기 위해서는

화생토, 토생금으로, 토가 들어야 한다.

그래서 미토未土, 십토十土, 십무극十無極 상제님이

오셔서 생명의 다리를 놓아 주신다.

그분을 불가에서 '미륵부처님'이라 했고, 기독 사회에서는 예수가 '아버지 하나님'이라 했다. 그분이 새 하늘 새 땅을 마련하기 때문에 새 하늘 새 땅도 찾았다. 유가, 도가에서는 '옥황상제'라 했다.

1370513 마산 순방

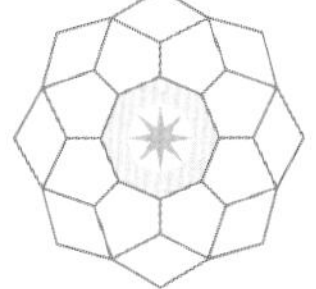

여름 불 세상에서 가을 금 세상으로

문을 넘어가는데

화극금火克金으로 상극이 일어나서

직접적으로는 건너가지 못하게 되어 있다.

그래서 화생토火生土, 토생금土生金해서

토를 거쳐 가을 세상으로 들어가는 수밖에 없다.

바로 그 토가 미륵이요, 예수가 찾은 하나님이요, 옥황상제다. 화생토 토생금하는 토는 미토未土, 10토다. 10무극, 옥황상제, 참 하나님이시다. 진술축미辰戌丑未는 다 토土지만 진술축은 5토다. 오직 미토가 가을 세상을 탄생시킬 수 있는 완성된 10토다.

1350605 증산도대학교

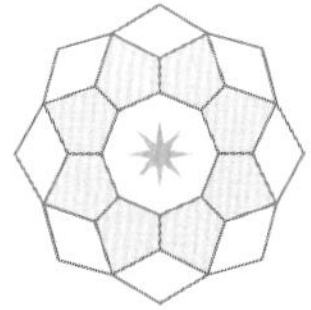

상제님이 이 세상에 오셔서 인존人尊 문화를 건설하셨다.
지금 이 세상에 태어난 사람은 인존 문화로만,
다시 말해서 신도 문화로써만 이 개벽을 극복할 수가 있다.

상제님은 그 자연현상에서 발생한 원신寃神과 역신逆神을
전부 걸어 모아 천지공사天地公事라는
인존 문화의 틀을 짜셨다.

이번에는 이 상제님의 인존 문화, 천지공사 문화를 모를 것 같으면
하늘을 쓰고 도리질을 하는 사람도,
지구를 틀켜쥔 사람도 다 소용이 없다.

이 금화교역기에는

반드시 '화생토火生土, 토생금土生金'을 해서

넘어가게 되어 있다.

그때에는 반드시 미토未土가 나와야 한다.

그래서 상제님이 신미생辛未生으로

이 세상에 오신 것이다.

우리가 살고 있는 이번 우주년만 그런 것이 아니라 앞으로 우주년이 백 번 오고, 천 번 온다 해도, 천지 이법, 우주변화법칙의 질서를 거쳐서 둥글어 간다. 이 금화교역기에는 반드시 '화생토, 토생금'을 해서 넘어가게 되어 있다.

1380203 마산 순방

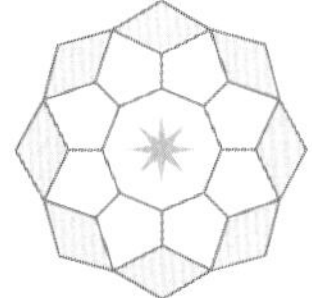

10미토가 작용을 하려면

열매를 여물 수 있는,

그 본능을 작용할 수 있는 신辛을 만나야 한다.

천지의 알캥이를 맺을 수 있게 하는

토土는 오직 신미辛未다.

그래서 상제님이

신미생(1871년)으로 오신 것이다.

10미토가 작용을 하려면 그건 신미辛未라야 한다. 천간에 있는 쓸 신辛 자는 열매 맺을 신 자다. 미도 천간天干에 따라서 기미己未니 계미癸未니 정미丁未니 을미乙未니 여러 가지가 있다. 그런데 그런 게 붙어서는 미토가 작용하지 못한다. 꼭 신미라야 한다.

1400520 태전 순방

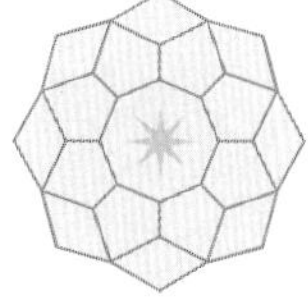

13

대자연의 도, 사람의 길

안운산 태상종도사 大道 말씀

토土자리를 만나야 산다

대도 말씀 · 150일 필사

우주 만유 생명을 다스리는
총체적인 사령탑이 있다.
그 사령탑이
옥경玉京의 옥황상제玉皇上帝이시다.

옥황상제님이 삼계대권三界大權으로 만유의 생명을 주재主宰하신다. 삼계란
천계天界와 지계地界와 인계人界를 말한다.

1331102 증산도대학교

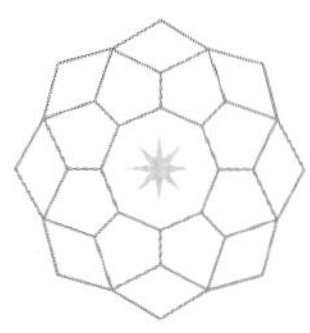

인류 문화를 매듭짓기 위해서

삼계대권을 틀켜쥐고

만유의 생명을 주재, 통제해 오신

우주 사령탑의 절대자, 우주의 주재자가

인간의 몸을 빌려서 이 세상에 오시게 되었다.

인류 문화를 매듭짓기 위해서 우주의 주재자, 삼계대권을 틀켜쥐고 만유의 생명을 주재, 통제해 오신 우주 사령탑의 절대자가 인간의 몸을 빌려서 이 세상에 오시게 되었다. 개벽을 해서 씨종자를 추리기 위해 이 세상에 친히 임어臨御하시게 된 것이다. 그분이 바로 증산 상제님이시다.

1331102 증산도대학교

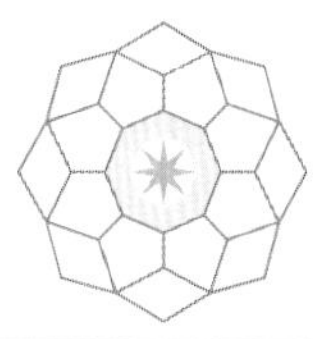

기독 사회에서는 예수가 다시 오는 것이 아니라
'하나님 아버지가 오신다.'고 했다.
또 부처 세계에서는 '미륵부처가 오신다.'고 했다.
그리고 유교와 도교에서는
'옥황상제님'을 찾았다.

기독 사회에서는 하나님 아버지가 오신다고 했다. 예수가 다시 오는 것이
아니라 '하나님 아버지가 오신다, 종국적으로 그 하나님 아버지를 만나야
된다.'는 것이다. 또 부처 세계에서는 '미륵부처가 오신다.'고 했다. 그리고
유교와 도교에서는 '옥황상제님'을 찾았다.

1400809 상제님 어천치성

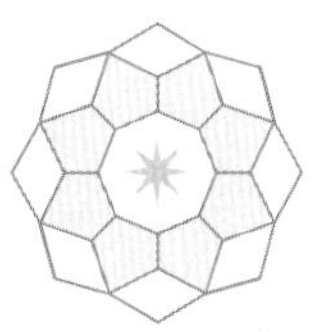

증산 상제님은 우주의 주재자로서, 천지를 대표해서
봄·여름 세상의 흐트러진 모든 문제를
매듭지으러 이 세상에 오셨다.
증산도는 그런 증산 상제님, 참 하나님의 도다.

상제님 진리는 지구상의 모든 문제를
해결하는 생명력이요, 진짜 자연 섭리다.
전 인류가 함께 그 속에서 살아나갈 수 있다.
상제님 진리는 천지와 신명과 사람이 더불어 사는
후천세계를 건설하는 절대적인 진리다.

선천 성자들이 말한
'하나님 아버지, 미륵님, 옥황상제'는
내내 한 분이다.
문화에 따라서 호칭이 다르고
찾는 방법이 다를 뿐이지,
내내 한 분이 오신다는 것이다.
그분이 바로
우리가 신앙하는 강증산 상제님이시다.

선천 성자들이 말한 하나님 아버지, 미륵님, 옥황상제는 내내 한 분이다. 증산 상제님이 기독교에서 말한 하나님 아버지요, 불교에서 말한 미륵님이요, 유교와 도가에서 말한 옥황상제님이시다.

1400809 상제님 어천치성

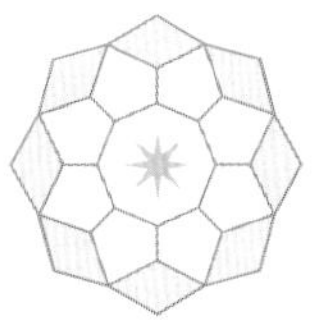

지금까지는 과도기적 세상이었다.
열매기 통일이념, 결실문화라 하는 것은
득신得辛철에 와서 여무는 것이다.

지금까지는 과도기적 세상이었다. 천시天時로도 그저 꽃피고 몽우리 조금 맺는 때인지라 그런 성자밖에 안 나온다. 열매기 통일이념, 결실문화라 하는 것은 득신철에 와서 여무는 것이다. 쓸 신辛 자는 열매 맺을 신 자다. 그래서 상제님이 신미생辛未生으로 오신 것이다.

1320815 서울 순방

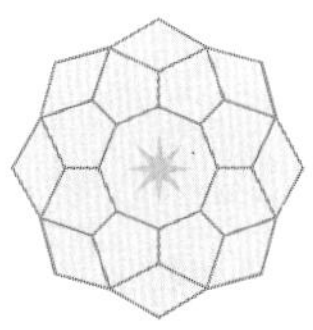

14

대자연의 도, 사람의 길

안운산 태상종도사 大道 말씀

가을개벽과 상생의 대도

대도 말씀 • 150일 필사

이번에는 물건을 내서 키우는
봄·여름의 질서가 종식되고,
열매를 맺어서 폐장하는
가을·겨울 질서로 바뀐다.
상극의 세상에서 상생의 세상으로
질서가 바뀐다.
상극의 세상을 종식하고
상생의 새 세상이 열린다.

이번에는 물건을 내서 키우는 봄·여름의 질서가 종식되고, 열매를 맺어서
폐장하는 가을·겨울 질서로 바뀐다. 상극의 세상에서 상생의 세상으로
질서가 바뀐다. 상극의 세상을 종식하고 상생의 새 세상이 열린다.

1350403 증산도대학교

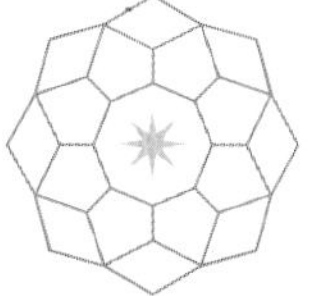

선천 세상은 상극 세상이어서
자의自意대로 살 수가 없다.
하지만 앞 세상은 상생의 세상이다.
누구나 다 행복을 구가하고
안락을 구가하고 안녕질서를 구가하는
그런 무제무한無際無限 좋은 세상이다.

사람은 누구도 다 천부적으로 자유를 향유하면서 한 세상을 살려고 태어났다. 그런데 자기 몸뚱이를 가지고 자기 자의대로 살아본 사람이 없다. 타의에 의해서 전쟁에 끌려 나가고, 타의에 의해서 망하고, 타의에 의해서 잘못 살고 말았다. 하지만 앞 세상은 상생의 세상이다.

1350403 증산도대학교

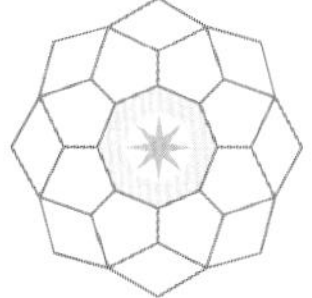

그분이 상생相生의 문화를 들고 오신다는 것을
역사적으로도 다 이야기했다.
알아듣기 쉽게 말하면
3천 년 전에 석가부처가 '나의 운은 3천 년이고,
그 후에 미륵부처가 출세한다.'고 했다.

대우주 천체권은 대자연을 주재하는 주재자가 계신다. 그것을 통제하고 통치하시는 분을 불교에서는 미륵부처라 했고, 기독 사회에서는 아버지 하나님이라 했고, 유교·도교에서는 상제, 옥황상제라 했다. 각 문화권에 따라서 호칭만 다를 뿐이지 내내 한 분, 참 하나님을 말한 것이다.

1371028 일심 신앙 갱생의 날

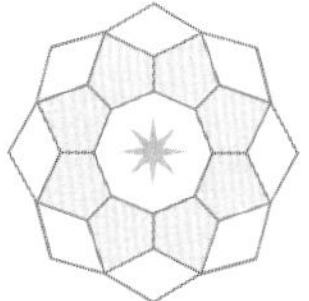

지금은 천지에서 수장收藏을 시켜버리는 때다.
"천지의 대덕으로도 춘생추살, 봄에는 물건 내고
가을철에는 죽여버리는 은위恩威로써 이루어진다."
이것이 상제님 말씀이요, 천지의 명령이다.

그런 때에 인존시대에
상제님이 상생의 문화를 들고 나와서
'이렇게 하면 살 수가 있다. 그게 천지에서 농사지은 것을
추수하는 방법이다.' 라고 일러주셨다.

상제님의 상생의 문화라는 것은
천지에서 농사지은 것을 추수하는 방법이다.

기독교에서는 예수가
'내가 오는 게 아니라 아버지 하나님이 오신다.
나도 하나님이 보내서 왔다.'고 했다.
사도 요한은 '백보좌 하나님이 오신다.'고 했다.

기독교에서는 예수가 '내가 오는 게 아니고 아버지 하나님이 오신다. 나도 하나님이 보내서 왔다.'고 했다. 사도 요한은 '백보좌 하나님이 오신다.'고 했다. 지금 기독교에서 예수가 재림한다고 하는데 사실은 예수 자신이 다시 온다고 한 게 아니다. 아버지 하나님이 오신다고 한 것이다.

1371028 일심 신앙 갱생의 날

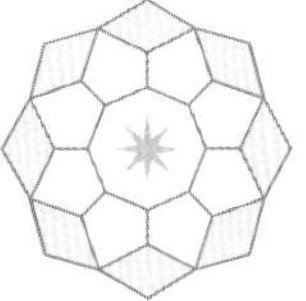

지나간 봄·여름의 역사 과정은
상극相克이 사배한 세상이다.
그 시대는 힘의 논리로 죽이고, 뺏고, 속였다.
치고 뺏고 죽이고 속여야
부귀영화를 얻을 수 있었다.
그런데 앞 세상은 상제님의
상생相生의 대도로써 도성덕립道成德立이 된다.
그 좋은 세상에서는 상극이라는 게 지양止揚된다.

역리易理로 말하면 화수미제火水未濟다. 그 시대는 힘의 논리로 죽이고, 뺏고, 속였다. 치고 뺏고 죽이고 속여야 부귀영화를 얻을 수 있었다. 그런데 앞 세상, 한마디로 가을·겨울 세상은 주체가 상제님이시다. 증산 상제님의 상생의 대도로써 도성덕립이 된다.

1370806 상제님 어천치성

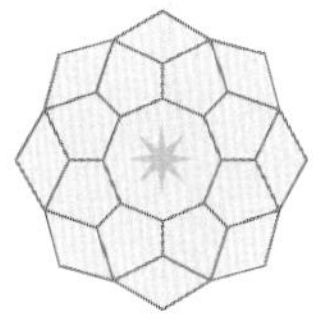

15

대자연의 도, 사람의 길

안운산 태상종도사 大道 말씀

주역 세상에서 정역 세상으로

대도 말씀 · 150일 필사

지금까지는 주역周易 세상을 살았다.
주역 세상은 지축이 기울어져서
타원형 궤도로 돌아간다.
그런데 앞으로는 정역正易 세상이 온다.

정역 세상은 지구가 공처럼 정원형으로, 아주 동그란 궤도로 태양 주위를 돌아간다. 그러니까 계란 같은 공전 궤도가 공 같은 형태의 동그란 궤도로 수정을 한다. 그러면 육지가 바다 되는 데도 있고, 바다가 육지로 솟는 데도 있다.

1311208 증산도대학교

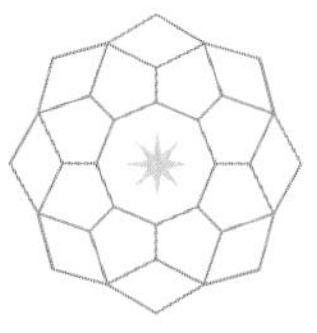

주역 세상은 봄·여름 세상을 상징한 것이고,
정역은 가을·겨울 세상을 상징한 것이다.
주역 세상에 태양을 안고 도는
지구의 공전 궤도는 타원형이지만
앞으로 다가오는 가을 세상에는
정원형 공전 궤도로 바뀐다.

지구의 공전 궤도가 타원형에서 정원형으로 수정을 할 것 같으면, 지구 어느 곳은 물속으로 빠지기도 하고, 바다가 육지 되는 데도 있을 것 아닌가. 주역 세상은 이번에 지축이 틀어져서 타원형 궤도가 정원형 궤도로 수정하는 데까지이다. 그리고 우리가 맞이할 미래의 세상은 정원형 궤도의 정역 세상이다.

1320502 대구 강연회

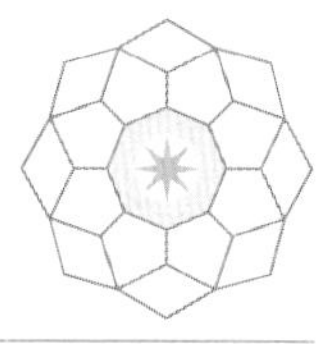

지나간 세상은 주역周易 세상이고,
앞으로 다가오는 세상은 정역正易 세상이다.
『정역』을 불태우고,
어디에다 가둬 버리고 땅에다 묻는다고 해서,
새 세상이 오지 않는가?

『정역』은 '가을·겨울 세상은 이렇게 된다.' 하고, 앞으로 오는 세상을 서술해 놓은 책이다. 봄·여름의 주역 세상에는 지구의 공전 궤도가 계란 같은 타원형으로 생겨서 365도 4분지 1로 둥글어 가고, 가을 정역 세상은 정원형 궤도로 바뀌어서 360도로 둥글어 간다.

1311017 서울 순방

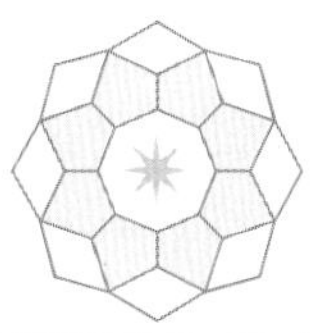

지구년은 초목 농사를 짓는 주기이고,
우주년은 사람 농사를 짓는 주기이다.

1년 초목 농사에서 여름과 가을이 바뀔 때에는
'초목 개벽'을 하는 것과 같이,
인간 농사를 짓는 우주 1년에서도
하추교역기夏秋交易期에는 '사람 개벽'을 하는 것이다.
이것은 '천지의 법칙'이다.

자연 섭리, 생장염장生長斂藏이라 하는 것은
역천불변하는 원리다.
봄 되고 여름 되고 가을 되고 겨울 되는 것을
누가 어떻게 거부할 수 있겠는가?
그건 꼭 그렇게밖에 안 되는 것이다.
자연 섭리라는 것은
그런 변화 원리로써 구성되어 있다.

인류 역사 과정이라는 것도 생장염장이라는 변화 과정에서 이루어지는 것이다. 자연 섭리로 봐도 개벽이 온다는 것은 아주 뻔한 사실이다. 우주의 가을개벽이 온다! 그걸 어떻게 하겠는가? 그게 사람이 붙잡는다고 안 오는가? 거부한다고 안 오는가? 무슨 수가 있는가?

1311017 서울 순방

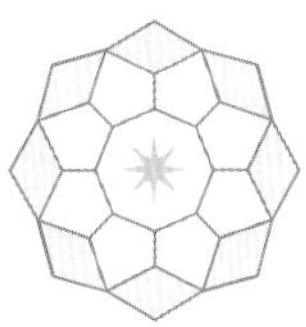

주역 세상은 지구의 공전 궤도가 타원형이고,

정역 세상은 정원궤도이다.

타원형 궤도가 정원형 궤도로 바뀌면서,

육지가 물속으로 빠지는 데도 있고

바다가 육지로 솟는 데도 있다.

이제 주역 세상을 끝마치고 정역正易세상이 온다. 이번에는 지구도 개벽해서 뒤집어진다. 선천 역사에서 천고의 원한 맺은 신명들이 복수하러 나서서 다 잡아가 버린다. 우주변화 원리라 하는 것은 생장염장을 바탕으로 주이부시할 뿐이다.

1301227 수원 순방

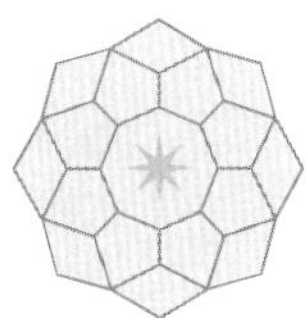

16

대자연의 도, 사람의 길

천지이치에 순응해야

천지라 하는 것은
둥글어 가는 법칙이 있다.
대자연 섭리가 둥글어 가는데
그것을 사람이 거역하지도 못하고 막지도 못한다.

천지라 하는 것은 둥글어 가는 법칙이 있다. 대자연 섭리가 둥글어 가는데 그것을 사람이 거역하지도 막지도 못한다. 대자연 섭리는 섭리 그대로만 둥글어 가기에 사람의 능력으로써는 막을 도리가 없는 것이다.

1400414 광주 순방

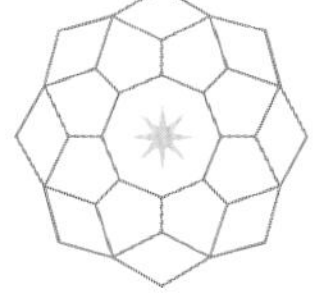

이번 개벽開闢은 인간의 과학 문명이나,

인간의 능력으로써는

어떻게 해 볼 재주가 없다.

대자연 법칙을 사람이

무슨 재주로 거역하겠는가.

그것은 거역하지도 못하고,

부정하지도 못하는 것이다.

이번 개벽은 인간의 과학 문명이나, 능력으로써는 어떻게 해 볼 재주가 없다. 대자연 법칙을 사람이 무슨 재주로 거역하겠는가. 그것은 거역하지도 못하고, 부정하지도 못하는 것이다. 대자연 섭리는 주이부시해서 그렇게 둥글어 가는 수밖에 없다.

1381116 일본 고베 순방

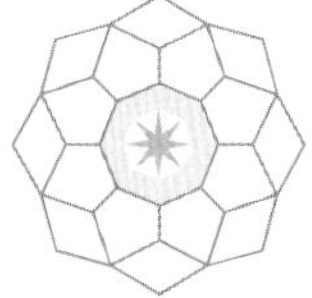

상제님 진리, 증산도의 이념은 대자연 섭리다.

천지불역지리天地不易之理다.

하늘이 변한다 하더라도

다시 바꿀 수 없는 절대적인 이념이다.

우리는 천지의 대자연 섭리 속에서 조상의 음덕으로써 생겨나서 그렇게 살다가 대자연 섭리 속으로 돌아간다. 반드시 순리대로 살아야 한다.

1390304 전주 순방

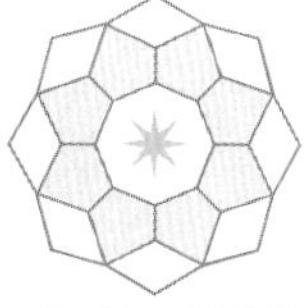

증산도는 제 조상祖上을 바탕으로 해서 신앙을 한다.
제 조상을 제1의 하나님으로 받들어 모시고,
그다음으로 지나간 세상 역사를 둘둘 뭉쳐서
새 세상을 개창하신 옥황상제님,
원 하나님이신 증산 상제님을 받들어야 한다.

개벽기에는 전 인류가
살고 죽고 하는 것이 오직 태을주太乙呪에 달려 있다.
무엇하고도 바꿀 수 없는 태을주다.
천지를 상징해서 생겨난 사람이라면
남녀노소 누구나 태을주를 읽어야만 살 수가 있다.
태을주는 참으로 위대한 것이다.

상제님 진리는 원시반본 사상이 핵심이다.

묶어서 말하면,

가정에 효도하고 국가에 충성하고

사회에 의로운 사람이 되라는 것이다.

역사가 그랬고,

이건 다음 세상에도 틀림없는 사실이다.

상제님 진리는 '원시반본 사상'이 핵심이다. 묶어서 말하면, 가정에 효도하고 국가에 충성하고 사회에 의로운 사람이 되라는 것이다. 인간 세상은 그렇게 사는 수밖에 없다. 그게 정의고 그게 진리다. 지금 이 지구상에서 사람이 믿고 의지할 데는 오직 상제님 진리 하나밖에 없다.

1340208 증산도대학교

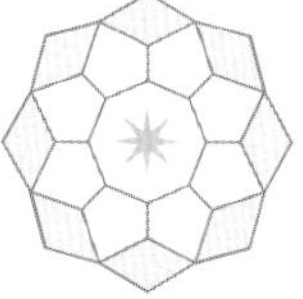

우리는 천지이법을 믿는다.

천지이법이라는 것은 절대로 거짓이 없다.

만유의 생명은

천지 자연 섭리에 의해 왔다 간다.

그러니 만유 생명체라 하는 것은

사람에 이르기까지

천리를 순순히 받아들여야 한다.

한마디로 '순천자順天者는 흥興하고 역천자逆天者는 망亡이라.' 했다. '하늘 이치를 순하게 좇아서 순리대로 사는 사람은 흥하고, 하늘 이치를 거스르는 자는 멸망한다. 죽는다!'는 소리다. 상제님 진리가 자연 섭리이고, 자연 섭리가 상제님 진리다. 그러니 천지 이치에 순종해야 한다.

1350713 울산 순방

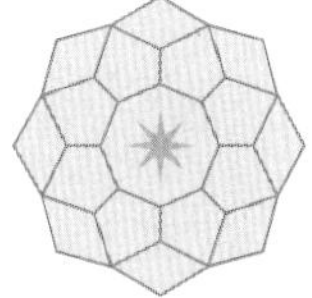

17

대자연의 도, 사람의 길

안운산 태상종도사 大道 말씀

증산도의 존재 이유

대도 말씀 · 150일 필사

증산도甄山道는

크게는 천도天道를 집행하는 일이고,

작게는 역사 과정에서 미완성된 문화를

총체적으로 정리해서

새로운 결실 문화를 맺는 것이다.

증산도는 크게는 천도를 집행하는 일이고, 작게는 역사 과정에서 미완성된 문화를 총체적으로 정리해서 새로운 결실 문화를 맺는 것이다.

1330511 증산도대학교

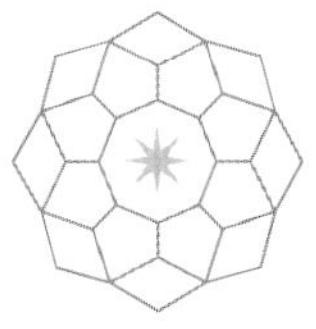

앞으로 다가오는 세상은
원시반본原始返本하는 세상이다.
화수미제火水未濟 된 것을 수화기제水火旣濟 해서,
선천이 상극의 세상이라 할 것 같으면
앞으로 다가오는 세상은 상생相生의 세상이다.

앞으로 다가오는 세상은 원시반본하는 세상이다. 선천이 상극의 세상이라 할 것 같으면 앞으로 다가오는 세상은 상생의 세상이다. 증산도는 그 세상 새 틀을 여신 바로 그 주재자, 그분의 이념을 받들어서 집행하는 단체다.

1340616 마산 순방

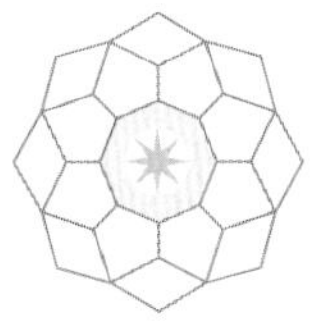

앞으로 오는 세상은
지나간 문화권 같은 그런 세상이 아니다.
지금까지는 땅 뺏느라고 전쟁만 하다 말았다.
앞 세상에는 극치의 하나인 문화,
열매기 문화가 된다.
천지에서 사람 농사를 짓는데
이번에 사람을 결실한다.

인류가 가을 세상, 후천선경으로 살아 넘어갈 수 있는 다리, 그게 바로 증산
도라는 다리다. 선천 춘하 세상에서 후천 추동 세상으로 넘어가는 데는
반드시 상제님 진리의 다리, 그 생명교生命橋를 타야 한다.

1330212 일본 순방

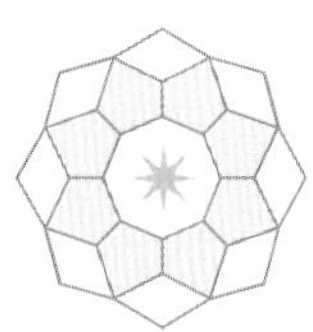

상제님은 대우주 천체권을 주재하시는 옥황상제님이시고,
우리는 그 인사를 담당하는 상제님의 신도다.

상제님은 당신님 말씀 그대로
'비겁에 빠진 인간과 신명을 널리 건지시는 분'이다.

상제님은 천지 이법에 따라 천지공사를 집행하셨다.
우리는 상제님을 신앙해서 상제님의 일을 인사로 집행하는
상제님의 심부름꾼이다.

그래서 우리는 상제님의 혼魂이고, 진리의 사도使徒다.

증산도의 존재 이유는
한마디로 사람을 살리려는 것이다.
상제님 9년 천지공사의 총 결론이 의통醫統이다.
의통은, 한 사람도 안 남고 다 죽을
우주 개벽철에 사람을 살리는 것이다.

증산도의 존재라는 것은 한마디로 사람을 살리려는 것이다. 내가 이번 제3변에서 증산도라는 간판을 붙이고 신도들을 규합한 것은 딴 의미가 없다. 이 우주 개벽철에 사람 살리려는 것 하나밖에 없다. 백 퍼센트 그것밖에 없다.

1310603 증산도대학교

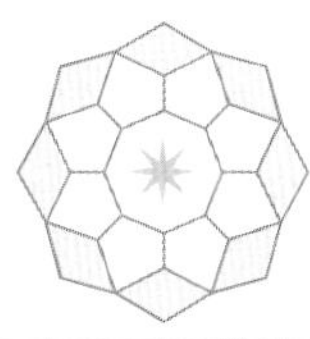

증산도의 존재 목적은
개벽開闢 세상에 참 하나님을 모시고
지구상에 사는 인류를
상제님 진리권으로 인도引導하는 길잡이가 되어,
우리 능력이 허락하는 한계 내에서
사람을 많이 살려
새 세상을 건설하는 것이다.

증산도의 존재 목적은 개벽 세상에 참 하나님을 모시고 지구상에 사는
인류를 상제님 진리권으로 인도하는 길잡이가 되어, 우리 능력이 허락하는
한계 내에서 사람을 많이 살려 새 세상을 건설하는 것이다.

1340328 입문 교육

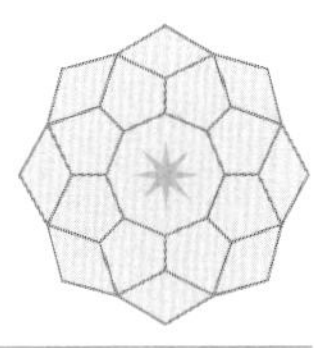

18

대자연의 도, 사람의 길

안운산 태상종도사 大圈 말씀

살기 좋은 후천선경, 만사지 문화

대도 말씀 · 150일 필사

역사歷史라는 것은
천지가 둥글어 감에 따라서,
대자연 섭리가 성숙됨에 따라서
더불어 그 껄이 벗어지고,
알갱이가 여물고 성숙되는 과정이다.

지금 우리가 살고 있는 이 세상은 유형문화, 과학 문명이 극치로 발달했다. 지금은 일방적으로 물질物質문화만 발달하고 정신精神문화는 찾아볼 수가 없는 세상이다. 그렇게 한쪽으로 치우친 문화다. 그래서 컴퓨터, 휴대폰과 같은 기계가 없으면 도로 원시인이 되고 만다.

1410428 태모님 성탄치성

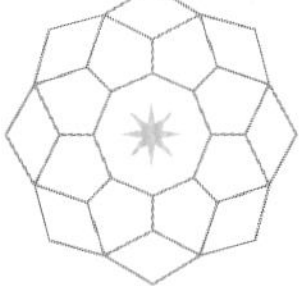

천지天地는 말이 없고

다만 천지의 이법理法대로 둥글어 갈 뿐이다.

사람은 금목수화토 오행五行 정기精氣를 타고 났다.

천지를 대표해서 역사를 조성하고,

종국적으로 열매기 문화를 창출한다.

천지에서 사람 농사를 짓는 우주년에서 하추교차기에 이르면 반드시 사람이 씨를 거두고 '만사지萬事知 문화'를 창출한다.

1330427 태모님 성탄치성

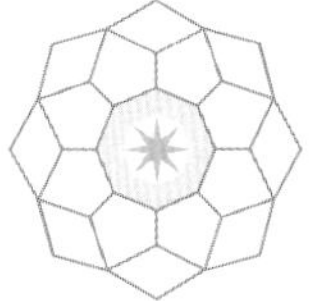

우주의 여름에서 가을로 바뀌는 이때에
'열매기 문화'가 나온다.
그것이 '원 우주의 결실, 통일 문화'다.
상제님 진리로 말하면
천존, 지존 문화가 지나고
장차 '인존人尊문화'가 나오는 것이다.

상제님 진리로 말하면 천존, 지존 문화가 지나고 장차 '인존 문화'가 나온다.
다시 말해서 유형문화와 무형문화가 하나인 진리 문화권에 합일이 된다.
유형문화(과학문명, 물질문명)와 무형문화, 형상이 없는 정신문화가 합일
되어 가을철 새 통일 문화권이 나오는 것이다.

1370117 구미 순방

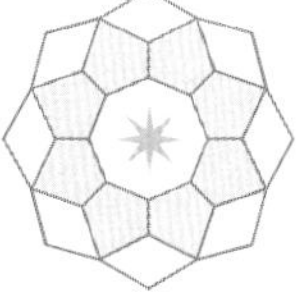

사람은 육신이 백 퍼센트가 아니다.
사람에게는 영체靈體라는 것이 있다.
육신을 지배하는 영체, 마음이 있다. 그 영체가 50퍼센트다.
내 마음이 '어디를 가자' 하면 몸뚱이는 따라서 간다.

이번 가을철에는
유형문화와 무형문화가 똑같이 알갱이를 맺는다.
그런 통일 문화, 열매기 문화가 이번에 나온다.
가을은 그런 때다.

인류 문화는 아직 초보 단계다.

지금 물질문화가 극치로 발달했지만

이것은 절름발이 문화다.

이것이 알캥이 문화, 통일문화가 되려면

유형문화와 무형문화가 하나인 진리권으로

합일되어야 한다.

알캥이 문화, 통일문화가 되려면 유형문화와 무형문화가 하나인 진리권으로 합일되어야 한다. 시천주조화정侍天主造化定 영세불망만사지永世不忘萬事知의 '조화정, 만사지 문화'가 나온다.

1361222 동지 치성

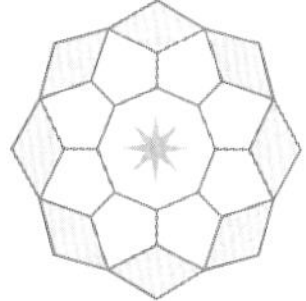

신인神人이 합일하는,

유형의 문화와 무형의 문화가 하나로 합일되는

알캥이 문화, 통일 문화,

열매기 문화, 결실 문화,

그것이 바로 상제님의 진리다.

알캥이 문화, 통일 문화, 열매기 문화, 결실 문화, 그것이 바로 상제님의 진리다. 대우주가 한 바퀴 둥글어 가는 12만 9천6백 년 중에서 그런 통일문화가 개벽과 더불어 한 번 형성된다. 그것이 이 천지의 목적이요, 우주의 정신이다.

1361222 동지 치성

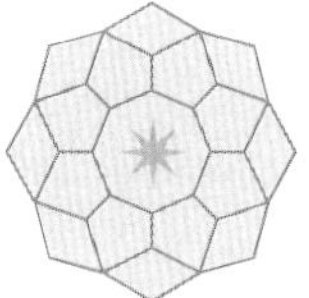

19

대자연의 도, 사람의 길

안운산 태상종도사 大道 말씀

조상신의 간절한 바람

대도 말씀·150일 필사

각자 누구에게도 가장 소중한 사람은
자기 조상祖上이다.
각자 자기 조상이 하나님보다 더 소중하다.
원 하나님은 그다음이다.
하늘땅 사이에서 내 조상이 내게는 가장 소중하다.

이 대우주 천체권 내에서 가장 존귀한 사람은 누구냐? 그것은 '나 자신'이다. 이 하늘땅 사이에서 가장 소중한 게 '나'다. 어째서 그러냐? 내가 있음으로써 부모도, 형제도, 처자도 있고, 국가도, 민족도, 사회도 있다. 만유가 있는 것이다. 그러면 가장 소중한 내 몸뚱이를 낳아 준 사람이 누구냐? 내 조상이다.

1370819 상제님 성도절

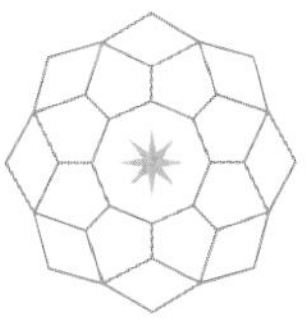

문왕文王은 옥황상제에게 제사를 지낼 때
부모를 동위同位로 해서 치성을 모셨다.
부모는 옥황상제보다도
오히려 더 소중한 분이기 때문이다.
백정, 살인자, 강도라도
제 부모는 옥황상제보다 더 소중한 것이다.

문왕은 옥황상제에게 제사를 지낼 때 부모를 동위로 해서 치성을 모셨다. 그 말 많은 세상에 여러 천 년 내려오면서 잘못했다고 말한 사람은 하나도 없었다. 왜 그러냐? 부모는 옥황상제보다도 오히려 더 소중한 분이기 때문이다.

1370819 상제님 성도절

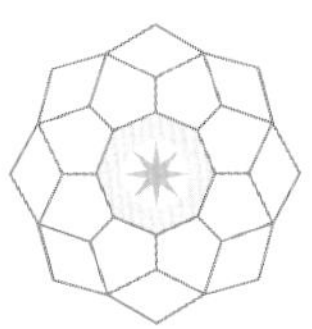

우리가 사는 이 시점은
원시반본原始返本, 만유가 제 모습을 찾는 때다.
내가 결실을 함으로써
내 조상도 다 살아남을 수 있다.
자손이 없는데 그 조상들이 어디 가서 붙어 있겠는가?
지금 신명계에서는 자손 하나라도 살리려고
난리가 났다. 초비상이 걸렸다.

개벽기에는 자손 하나라도 살아남아야 그 조상신들도 산다. 천 년 고목이
라도 수냉이 하나 붙어 있으면 거기서 새 뿌리도 생기고 다시 생을 도모할
수 있듯이, 사람도 못난 자손이라도 하나 있어야, 그 자손이 숨구멍이 돼서
자자손손 내려온 그 조상들이 다 살 수 있다.

1390412 부산 순방

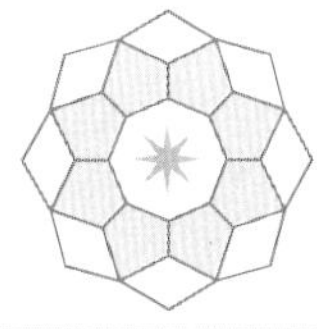

이번에 상제님 진리권에 수용을 당해서
살아남지 못한다면
조상도 없어져 버린다.

자손은 조상이 사는 숨구멍이다.
자손이 없는 조상은 살아남을 수도 없다.

이번에 이 하늘땅 사이의 모든 문제라 하는 것은
우주의 통치자, 그 하나님을 만나느냐, 못 만나느냐
하는 데에 달려 있다.

이번에는 첫째로 자기 자손을 하나라도 살려야

그 조상신이 산다.

자손은 '조상신의 숨구멍'이다.

자손이 하나라도 살아남지 못하면

이번에는 다 소용이 없다.

내가 개벽철에 살아서 성공함으로써

나의 조상도 같이 살아남는다.

상제님 말씀을 보면 "모든 선령신들이 쓸 자손 하나씩 타내려고 60년 동안 공을 들여도 못 타내는 자도 많으니라."(2:119:2)라는 말씀이 있다. '선자선손 善子善孫 하나 살릴 수 있는 그런 티오(T/O)를 못 얻었다.'는 말씀이다.

1330111 청소년 수련회

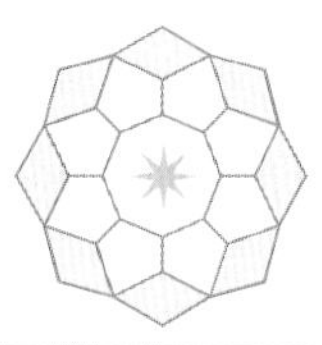

자손이 하나도 살아남지 못하면
숨구멍이 없어서 그 조상들이 살 수가 없다.
하늘에 호소해도 소용없고,
땅에 호소해도 소용없고,
어디에도 호소할 데가 없다.
그것이 천지자연의 이치다.

조상들이 두 손 움켜쥐고 기가 막히게 씨알(후손)을 추려서 가져다 놓는다.
여기서 잘 붙어 살아남으면 자기 조상, 할아버지, 할머니가 다 살아남는다.
그 자손이 나무로 말하면 수냉이, 숨구멍이다.

1390719 신입도생 교육

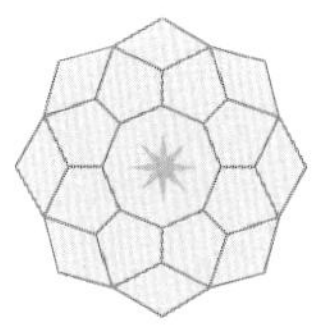

20

대자연의 도, 사람의 길

증산도의 사명, 천지의 역군

증산도의 사명은

천지에서 인간 농사지은 것을 정리하는

천지의 역군이다.

천지는 말도 못 하고, 수족手足도 없다.

때문에 천지에서는 사람을 시켜서

대역代役을 하게 한다.

증산도의 사명은 천지에서 인간 농사지은 것을 정리하는 천지의 역군이다. 천지에서 인간 농사지은 것을 천지가 거둬들일 수가 없기 때문에 사람이 대신 천지 노릇을 하는 것이다.

1370603 증산도대학교

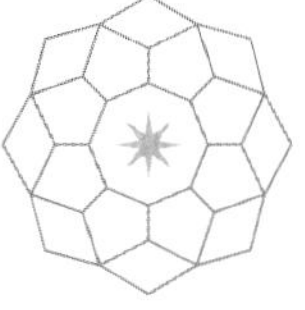

우리 증산도의 사명使命은, 한마디로
생명개벽을 하는 이번 우주 하추교역기에,
상제님 진리로써 죽는 세상에 살고,
나 사는 성스러운 진리로 남도 살려주는 것,
그것이다.

우리 증산도의 사명은, 한마디로 생명개벽을 하는 이번 우주 하추교역기에,
상제님 진리로써 죽는 세상에 살고, 나 사는 성스러운 진리로 남도 살려주는
것, 그것이다.

1320320 서울 순방

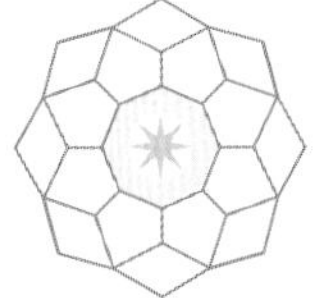

천리天理는 때가 있고

인사人事는 기회가 있다.

천리라 하는 것은 때가 있다.

올바른 인사는 바로 그 시점,

그 시기를 맞춰서 행위하는 것이다.

천리라 하는 것은 때가 있다. 천리는 인간 생각에 적응하지 않는다. 천리는 천리대로 그냥 둥글어 갈 뿐이다. 또 인사는 기회가 있다. 올바른 인사는 바로 그 시점, 그 시기를 맞춰서 행위해야 하는 것이다.

1330228 뉴욕 순방

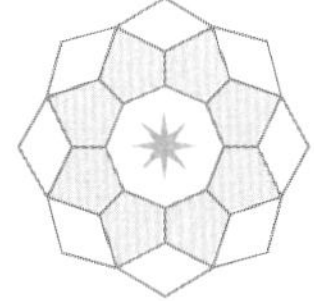

호생오사好生惡死는 인지상정人之常情이라.
살기를 좋아하고 죽기를 싫어하는 것은 다 똑같다.

이번에는 동양 사람이건 서양 사람이건,
예수를 믿는 사람이건 석가모니 부처를 믿는 사람이건,
공자 문화권에 있는 사람이건 간에
천지 이법을 벗어나면 살아날 수가 없다.

이번에는 오직 천지를 주관하시는
옥황상제님 영향권에 들어와야 살 수가 있다.

상제님 진리에 배치되는 행위를 하는 사람은
이 개벽철을 돌파할 수 없다.
전 인류에게 상제님 진리를 알게 해서
상제님을 닮게 하는 것,
이것이 바로 인류를 구하는 길이다.
사람들로 하여금 상제님 진리를 알게 해서
상제님을 닮게 하자!
이것이 우리 증산도 도생들의 지상사명이다.

상제님 진리는 어느 한 개인이 창작한 것이 아니다. 상제님 진리는 한마디로 묶어서 우주원리, 다시 말해서 자연 섭리다. 그렇기 때문에 전 인류가 오직 상제님 진리에 순응함으로써 이 개벽 세상을 돌파하여 후천 세상에 갈 수 있다.

1290502 증산도대학교

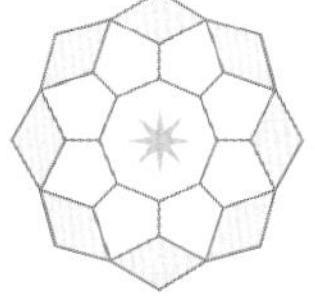

이 일을 긍지와 자부심을 갖고서 하라.

이 일은 사람을 살리는 일이다.

그러니 봉사 정신을 갖고서 해야 한다.

상제님께서

"우리 일은 남 죽는 세상에 살자는 일이요

나 살고 남 산 그 뒷세상에는

잘도 되자는 일이다."라고 하셨다.

대가代價라는 것은 노력의 대가다. 농사를 짓는 것도 거머리에게 물려가면서, 뙤약볕 아래서 김도 맨다. 기가 막히게 정성을 들여서 쌀농사도 짓고 수확을 한다. 아무 어려움 없이 되는 일이 하늘 아래 어디에 있는가? 이 일을 긍지와 자부심을 갖고서 하라.

1360301 대구 순방

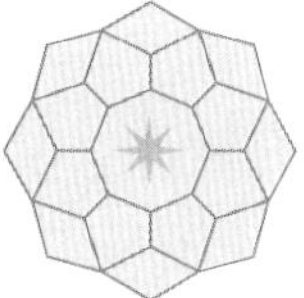

21

대자연의 도, 사람의 길

안운산 태상종도사 大道 말씀

삼재三才에 속하는 고귀한 존재, 사람

대도 말씀 · 150일 필사

하늘, 땅, 사람이 근본이다.

그런데 사람이 삼재에 참여할 수 있는 것은

오직 '마음, 심법心法'에 달렸다.

사람은 육신으로서

천지에 참여하는 것이 아니라

심법으로 참여하는 것이다.

그러니 심법을 잘 가져야 한다.

옛날에 범준范浚이라는 사람이 "참위삼재參爲三才하니 왈유심이曰唯心爾로다."라고 써서 좌우명座右銘을 삼았다. 천지인을 삼재三才라고 한다. 하늘, 땅, 사람이 근본이다. 그런데 사람이 삼재에 참여할 수 있는 것은 오직 마음, 심법에 달렸다는 말이다.

1320203 증산도대학교

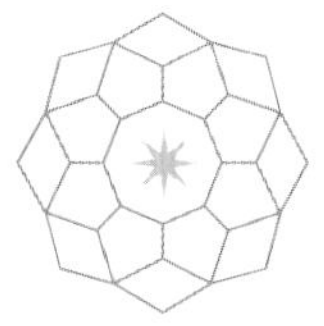

옛날에 범준范浚이라는 사람이
"참위삼재參爲三才하니 왈유심이曰惟心爾로다." 라는
좌우명을 써 붙였다.
천지인天地人, 하늘과 땅, 사람,
그걸 삼재三才라 한다.
사람도 하늘땅과 동등한 위치에서 참여를 하는데,
그것은 육신의 문제가 아니라
심법, 마음에 달렸다는 말이다.

심법이라는 것이 그렇게 중차대한 것이다. 그래서 정신이 비뚤어진 사람은
인간 값어치가 없다. 상제님은 "심야자心也者는 대어천지大於天地라." 마음
이라 하는 것은 천지보다 크다고 하셨다. 마음을 잘 먹어야 한다.

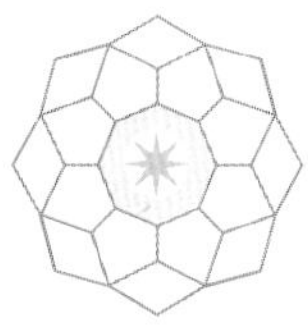

옛말에 '참위삼재參爲三才하니
왈유심이曰惟心爾로다.' 라고 했다.
천지인 삼재에 참여를 하는데,
그것은 육신의 문제가 아니라
심법, 마음이 있을 뿐이다.
세상만사가 다 자기 심법 쓰기에 달렸다.

세상만사의 성여불성成與不成, 매듭을 짓고 못 짓는 것이 전부 '일심'에 있다. 천지도 일심이 아니면 둥글어 가지 않는다. 일심을 바꿔서 말하면 정성이다. 그래서 '성자誠者는 천지도야天之道也요 성지자誠之者는 인지도야人之道也라' 했다. 정성스러운 것은 하늘의 진리요, 정성을 다해 하늘 진리를 본뜨려는 것은 사람의 도다.

1350323 인천 순방

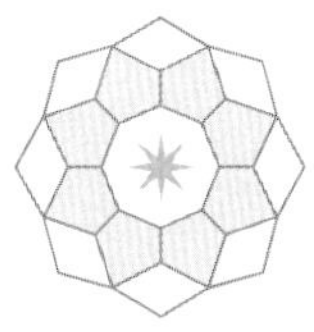

세상의 그 많은 서적 중에
「서전서문書傳序文」이 왜 좋으냐면
전부 마음에 대한 내용이기 때문이다.
그 마음이 "이제삼왕二帝三王은 존차심자야存此心者也요
하걸상수夏桀商受는 망차심자야亡此心者也요"
그 열여덟 자에 함축돼 있다.
'존차심자 망차심자',
마음을 존하고, 마음을 잃어버리는 데에 다 들어 있다.

사람은 '심법心法 놀음'이다.
사람은 정신구조가 잘돼 있어야 한다.
상제님 진리는 불의를 뿌리 뽑고 정의를 규명하는 진리다.

제군들은 심법 무장을 잘 해야 한다.
처음 입도할 때의 정신을 가지고서
끝까지 일관되게 나아가야 한다.
초지일관初志一貫해서, 절대로 변하지 말아라.

천지인 삼재에 참여를 하는데, 그것은 육신의 문제가 아니고 심법, 마음이 있을 뿐이란 말이다. 처음 입도할 때의 정신을 가지고 끝까지 일관되게 나아가야 한다.

1330625 서울 순방

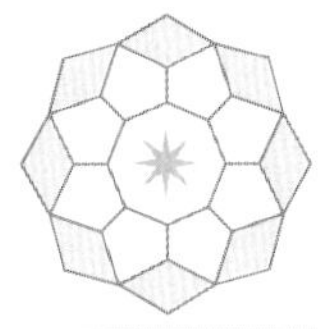

상제님은 일심을 가지고
천지공사로 틀을 짜 놓으셨다.
우리는 상제님이 천지공사를 보신 틀,
그것을 집행하는 천지의 대역자代役者이다.
그러니 '상제님의 일심'을 가져야 한다.

상제님 말씀에도 "심야자는 대어천지라." 마음이라 하는 것은 천지보다 크다고 하셨다. "일심이 없으면 너희도 없고 나도 없다."라고 하셨다. 아무리 상제님이 천지공사를 봐 놓으셨다 하더라도 신앙하는 신도들이 일심을 가지지 않으면 상제님 천지공사가 귀어허지歸於虛地, 끝장이 나고 마는 것이다.

1330625 서울 순방

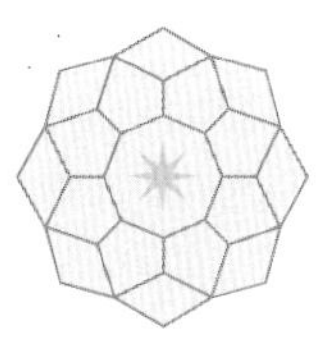

22

대자연의 도, 사람의 길

안운산 태상종도사 大道 말씀

사람은 '덕, 심법'이 근본

대도 말씀 · 150일 필사

옛날부터 "덕자德者는 본야本也요

재자財者는 말야末也"라고 했다.

덕이란 바탕이 되는 것이고,

재물이라 하는 것은 말단이다.

사람은 덕이 있어야 한다.

사람은 양보를 하고, 화합할 수 있어야 한다.

사람은 양보를 하고, 화합할 수 있어야 한다. 도장도 화합부터 해야 성장한다. 한 도장에 강력하게 교육도 잘 시키고, 아주 빈틈없고 조직적이고 체계적이고 규모적인 사람 몇 사람만 있으면 그 도장은 반드시 성장한다.

1310828 청주 순방

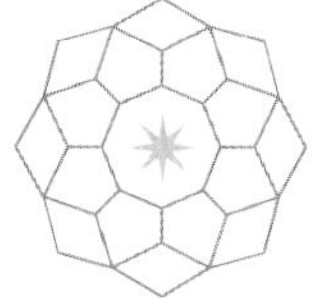

사람은 일심一心을 가져야 한다.

일심을 가지지 않고 일이 된다는 것은

동서고금을 통해서 절대로 있을 수가 없다.

재부덕박才富德薄한 사람은

부덕해서 어디 쓸 데가 없다.

덕을 쌓아야 한다. 덕을!

사람의 진정한 값어치는 그 심법心法에 있다.

사람은 일심을 가져야 한다. 일심을 가지지 않고 일이 된다는 것은 동서고금을 통해서 절대로 있을 수가 없다. 사람은 덕이 있어야 한다. 재부덕박才富德薄한 사람은 부덕해서 어디 쓸 데가 없다. 덕을 쌓아야 한다. 덕을! 진정한 값어치는 그 심법에 있다.

1360813 증산도대학교

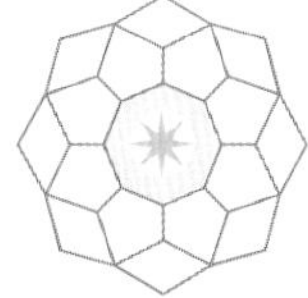

옛말에

'출호이자반호이出乎爾者反乎爾'라는 말이 있다.

자기에게서 나온 것이

자기에게로 되돌아간다는 뜻이다.

오직 바를 정正 자를 바탕으로 해서

바르게 실천하라.

덕자德者는 본야本也요 재자財者는 말末이라. 덕이라 하는 것이 바탕이 되는 것이고, 재물이라 하는 것은 말단에 지나지 않는다. 사람은 덕이 있어야 한다.

1400509 태모님 성탄치성

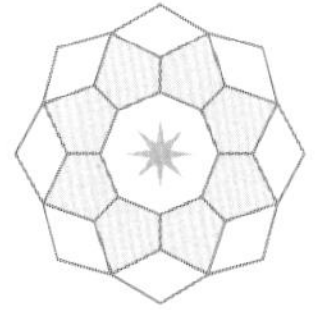

우리 하나님은 돌아다니다가 주무실 데가 없으면
날 더울 땐 저 바위 밑이나 풀밭에서도 주무시고,
겨울에 추우면 저 초빈터에 가서
나래(이엉) 몇 장 떠들고 송장 있는 데서 주무시기도 하셨다.
우리는 그 하나님의 신도다.

상제님은 후천 5만 년 창생들이 잘 살라고
그런 고생을 하신 것이다.
우리는 그 고마우신 하나님을 믿으며 이 세상을 살고,
그 진리의 토대 위에 앞 세상 새 문화를 열어야 한다.

우리는 천지의 대역자代役者다.

천지의 대역자라 할 것 같으면

천지의 마음을 갖고

천지 이법을 집행해야 한다.

'서자서書自書 아자아我自我' 해서

진리는 진리고 나는 나라는 그 이기주의,

사심을 갖고 생활해선 안 된다.

우리는 천지의 대역자다.
사람은 교만해서는 안 된다.
모든 것은 심법 하나에 달려 있다.

1340512 증산도대학교

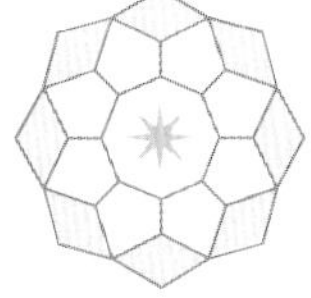

화합和合을 해라.

이것 탓하고 저것 탓하고,

자기 환경 탓하는 것은

다 사적인 일이다.

일을 이루는 것은 자기 심법 쓰기에 달렸다.

화합을 해라. 이것 탓하고 저것 탓하고, 자기 환경 생각하고 하는 것은 다 사적인 일이다. 사람은 자기 심법 쓰기에 달렸다. 이 세상에 자기 비위 맞춰 주기 위해서 생긴 사람은 하나도 없다.

1380501 태모님 성탄치성

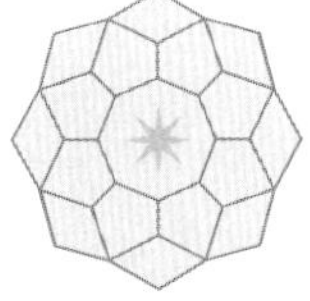

23

대자연의 도, 사람의 길

안운산 태상종도사 大道 말씀

상제님을 닮자, 도전을 통독하자

대도 말씀 · 150일 필사

참 하나님께서 천지 이법으로
역사를 심판하여 천지의 도를 집행한
행적을 담은 책이 『도전道典』이다.
『도전』은 우주원리로써 이 세상을 묶어서
매듭짓는 열매기 진리를 담은 책이다.

참 하나님께서 천지 이법으로 역사를 심판하여 천지의 도를 집행한 행적을 담은 책이 『도전』이다. 길 도 자, 법 전 자, 천지의 틀, 역사의 틀이 되는 전적 典籍이란 말이다. 『도전』은 증산도라는 체제에 맞게 지은 이름이다. 그보다 고귀하고 합당한 이름은 없다.

1330203 정삼치성

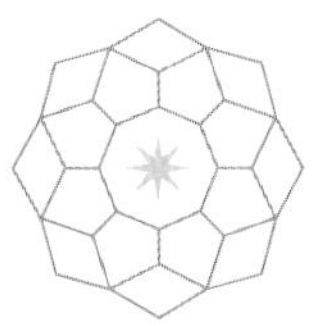

『증산도 도전』은
상제님이 행하신 9년 천지공사의 내용 이념을
다 써놓은 것이다.
이 세상 둥글어 가는 비결과 틀, 그 역사가
『도전』 속에 다 들어 있다.
그러니 상제님을 신앙하려 하는 사람은
『도전』을 탐독하면 된다.

상제님을 신앙하려는 사람은 『도전』을 탐독하면 된다. 신앙이라 하는 것은 『도전』 속의 법언과 성훈 그대로 해야 한다. 그렇게 하지 않으면 그건 절름발이 신앙이요, 신앙이라 할 것도 없다.

1400113 의정부 순방

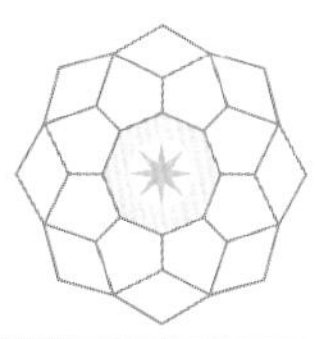

생生을 구하고 복福을 구하는 사람은
『도전道典』을 봐라.
상제님의 법언法言, 성훈聖訓을
체계적으로 정리해 놓은 책이 『도전』이다.
『도전』은 목욕재계하고 청수 모시고 꿇어앉아서
잠심潛心해서 통독해야 할 책이다.

생을 구하고 복을 구하는 사람은 『도전』을 봐라. 『도전』은 목욕재계하고 청수 모시고 꿇어앉아서 잠심해서 통독해야 할 책이다. 『도전』을 보면 하나 둘 셋 넷 다섯, 진리가 빠짐없이 다 나온다.

1380511 증산도대학교

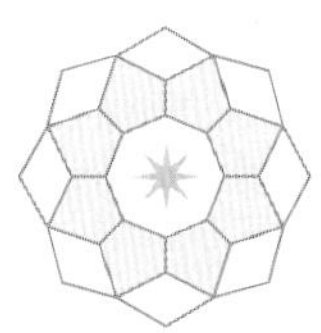

『도전』을 읽을 때, 그저 글자나 따라 읽지 말고
상제님을 뵙는 것처럼 정성스럽게 읽어라.
『도전』을 읽는 것은 상제님과 대화를 하는 것이다.

제군들은 통하지 못했으니까 상제님을 눈으로 뵙지는 못하지만,
『도전』을 읽음으로써 상제님과 대화를 하는 것이다.
그렇게 해서 『도전』에 나오는 상제님의 천지공사 내용 이념,
그 유훈遺訓, 가르침을 가슴으로 따 담아서
각골명간刻骨銘肝하고 행동으로 실천해야 한다.

『도전』은 전 인류의 교과서요,

이 세상 둥글어 가는 비결이다.

그 속에 이 세상이 둥글어 가는 틀이 실려 있다.

『도전』에는 상제님께서 천지공사를 보신

내용과 이념이 다 들어 있다.

『도전』은 전 인류의 교과서요, 이 세상 둥글어 가는 비결이다. 그 속에 이 세상이 둥글어 가는 틀이 실려 있다. 『도전』을 보면 기존 문화권의 역사의 진면목이 그대로 들어 있고, 또 앞 세상이 둥글어 갈 진면목도 그대로 나열돼 있다.

1350910 태을궁 입소교육

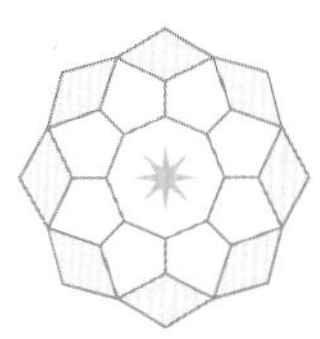

『도전』은 후천 5만 년 전 인류의 교과서다.

그 속에 진리眞理가 다 들어 있다.

『도전』을 자꾸 읽다보면

내 이지理智도 개발되고, 지식도 성장되고,

여러 가지 추진 동력도 생긴다.

물건으로 말하면 내 자신이 완성품이 된다.

상제님 『도전』은 백과전서다. 그 속에는 정치, 종교, 경제, 문화, 사회 각색 부문의 후천 5만 년 문화가 함축돼 있다. 자연 섭리도 함축돼 있다.
『도전』을 자꾸 읽다 보면 내 이지도 개발되고, 지식도 성장되고, 여러 가지 추진 동력도 생긴다. 물건으로 말하면 내 자신이 완성품이 된다.

1330406 증산도대학교

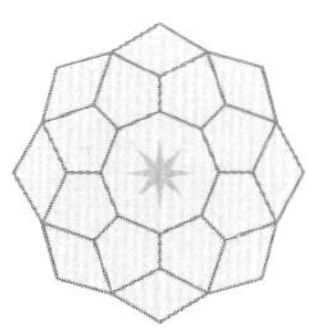

24

대자연의 도, 사람의 길

일실건곤 평화낙원

나는 평생 꿈속에서도
‘어떻게 해야 상제님 사업을 이룩하겠는가?’
하는 걸 생각한다.
증산도는 반드시 성장해야 한다.

이 개벽철에 우리 증산도가 성장하지 않으면 이 지구상 전 인류가 다 죽는다.
우리 증산도 신도들이 얼마만 한 일심을 가지고 실천에 옮기느냐 하는 데서,
이번 개벽철에 천지에서 사람 농사지은 것을 얼마만큼 수확하여 사람을
살릴 수 있느냐, 그게 달라진다.

1330625 서울 순방

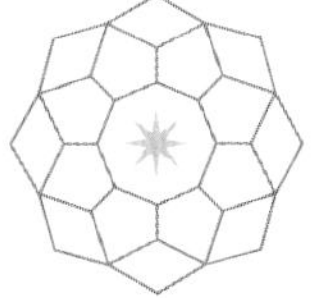

'내 한 정성精誠으로

세상의 악惡을 다 극복하고

상제님 진리를 가지고서

좋은 세상을 만들겠다.'고 다짐을 했다.

그래서 내가

"일실건곤一室乾坤을 평화낙원平和樂園하리라." 라는

평생시를 지었다.

나는 '우리가 살고 있는 이 세상, 인류 역사상 5천 년, 6천 년, 저 원시시대부터 아주 유구한 역사 동안 쌓이고 쌓인 원한을, 세상의 악을 내 한 정성으로 다 극복하고 상제님 진리를 가지고서 좋은 세상을 만들겠다.'고 다짐을 했다.

1350404 종무의회

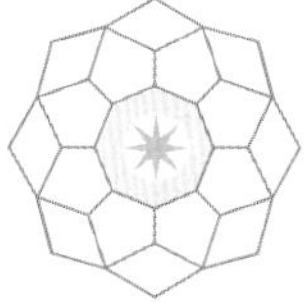

나는 정의正義로써 뭉친 사람이다.

내 생명生命은 뺏을지언정

내 정신精神은 누가 뺏지 못한다.

나는 죽어서 신명神明이 돼서도

기어코 상제님 사업을 종필終畢,

꼭 하고야 말 사람이다.

나는 정의로써 뭉친 사람이다. 리치 신부가 자기 목적을 달성하지 못하고 죽어서 신명이 되어서 상제님께 등장해서 상제님을 이 세상에 모셨듯이 나 역시 그렇게 되어 있는 사람이다.

1350606 종무의회

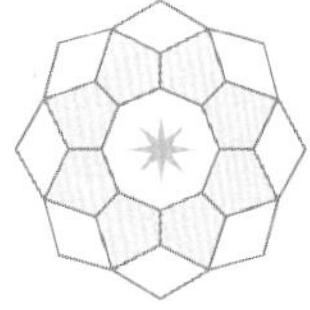

상제님은 늘 일심一心을 강조하셨다.
평생 동안 조금도 변하지 않는 불변심不變心,
입수불후入水不朽하고, 물에 들어가도 썩지 않고,
입화불소入火不燒하는, 불에 들어가도 타지 않는 그런 일심!
그건 그야말로 일편단심一片丹心이다.

그런 일심을 가진 사람이 지금 이 자리에 서 있다.
나는 평생 그런 일심을 갖고 상제님 일을 해오고 있다.

나는 큰 뜻이 있는 사람이다.
이 지구촌에 일실건곤─室乾坤의 평화낙원平和樂園을
건설하려는 사람이다.
종도사의 큰 뜻, 평생 꿈은
지구촌에 일실건곤의 평화낙원을
건설하는 것이다.

나는 큰 뜻이 있는 사람이다. 이 지구촌에 일실건곤의 평화낙원을 건설하려는 사람이다. 종도사의 큰 뜻, 평생 꿈은 지구촌에 일실건곤의 평화낙원을 건설하는 것이다.

1350404 종무의회

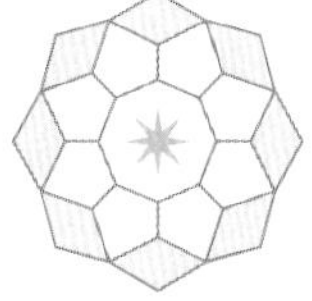

나는 일편단심一片丹心으로

심혈이 경주傾注되는,

마음과 피가 함께 기울여지는

그런 빨간 정성을 가진 사람이다.

오직 '사람을 살려야 한다.'는 마음 하나로

꽉 차 있는 사람이다.

나는 일편단심으로 오직 '사람을 살려야 한다.'는 마음 하나로 꽉 차 있는 사람이다. '이 몸이 죽고 죽어 일백 번 고쳐 죽어, 넋이라도 있고 없고…', 옛날 충혼들과 같이 나도 그런 빨간 정성을 가지고 제군들과 함께 뛰고 있다.

1291007 춘천 순방

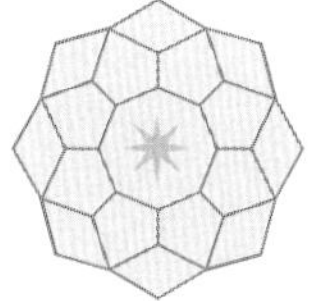

25

대자연의 도, 사람의 길

안운산 태상종도사 大道 말씀

독행천리 백절불굴

대도 말씀 · 150일 필사

내가 2변 때

성도들을 교육시킨 대표적인 문구가 있다.

"독행천리獨行千里에 백절불굴百折不屈이라."

나는 혼자 천 리를 가는데

백 번 자빠져도 다시 털고 일어나서

가고 또 가고, 최후의 일순까지 그렇게 간다.

그렇게 하지 않으면 이 일을 했겠는가?

제군들도 독행천리에 백절불굴하는 자세를 가져라. 지극정성으로 상제님을 믿어서 살고, 후천 5만 년 복을 받아라. 혈식천추 도덕군자가 되어라. 내가 두 손 모아 부탁한다.

1330107 종무의회

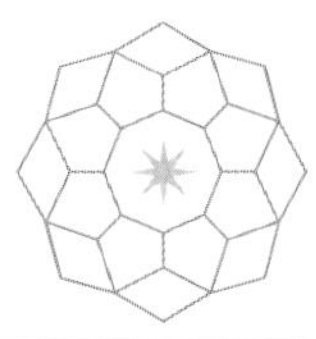

나는 제2변 때도 신도들에게
'독행천리獨行千里에 백절불굴百折不屈이라.'는
교육을 시켰다.
독행천리, 혼자 천 리를 가는데 백절불굴이라.
가다가 백 번을 거꾸러져도
굽히지 않는다는 것이다.

'자빠지면 일어나고, 일어나서 걷다가 걷다가 걸을 힘이 없으면 기어서 간다. 손톱이 다 까져도 허우적거리며 가고, 발힘이 없으면 손으로라도 끌어 잡아 당겨서 기어이 목적을 달성하는 정신'을 말한다. 나는 평생 독행천리에 백절불굴했다.

1330107 종무의회

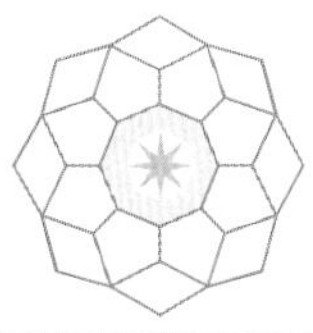

상제님 진리는 봉사奉事하는 진리다.

세상에 진리를 전해서

천지 역군으로 역사하라는 말이다.

역사적으로 성자聖者라 할 것 같으면

국가와 민족을 위해,

사회를 위해서 봉사한 사람들이다.

그들도 자기가 봉사한 것만큼 성자가 된 것이다.

상제님 진리에서 1만 2천 도통군자가 나온다. 그게 다 성자를 말한다. 1만 2천 도통군자, 도통한 성인이 나온다는 말이다. 군자가 아니라 성인이다. 도통까지 한 성자다. 성자가 되고 싶으면 봉사를 해라. 봉사하는 사람이 천지의 역군이지, 그렇지 않고 어떻게 천지의 역군이 되겠는가!

1330107 종무의회

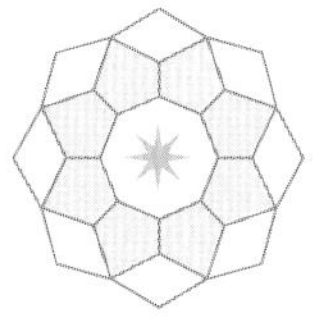

내가 스물네 살에 8.15 해방을 만났다.
스물넷 이전에 나는 성장과 더불어,
"내가 반드시 상제님 사업을 할 게다." 하고 생각을 했다.
그때도 나름대로 진리를 알았고 지금까지 내가 외길 인생이다.
나는 잠시도 어디다가 한눈을 팔아 본 사실이 없다.

우리는 기필코 상제님 진리를 실현해야 한다.
꼭 이룩해야만 한다.
그걸 이룩하지 않으면 지구상 사람은 살아남지 못한다.
제군들도 나를 본 떠서 각자의 집을 지어라.

내가 입버릇처럼 쓰는 말이 있다.
"독행천리獨行千里에 백절불굴百折不屈이라"
혼자 천 리를 가는데 백 번 자빠져도 굽히지 않는다.
자빠지면 또 일어나서 가고,
혼자 천 리를 가는데 백 번 꺼꾸러져도
절대 최후의 일순까지 일로매진一路邁進한다.

'작지부지作之不止라야 내성군자乃成君子라', '갈고 닦는 걸 그치지 않아야
군자가 될 수 있다. 무엇을 만들 수 있다.'는 뜻이다. 절대로 멈추지 말라.
잠자는 시간까지라도 절약해서, 정성껏 겸허한 자세로 진심을 다해라.
잘들 해서 유종의 미, 좋은 알캥이를 맺어라.

1340616 마산 순방

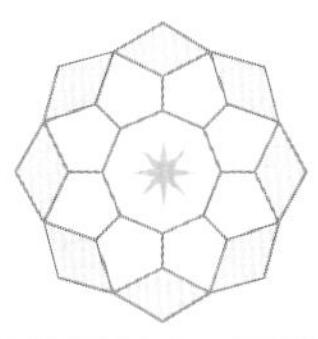

세상만사란
진실眞實과 정성精誠이 바탕이 돼야 한다.
제군들은 진실과 정성을 바탕으로
독행천리에 백절불굴하라.
노력하지 않고 되는 법이 어디 있나?
좋고 그르고 간에 세상만사라 하는 것은
다 노력의 대가다.

나는 '독행천리에 백절불굴'이라는 말을 잘 쓰는 사람이다. 혼자 천 리를 가는데 백 번 자빠지고 백 번 거꾸러져도 굴하지 않고, 자빠지면 털고 일어나서 가고, 또 털고 일어나서 가고, 최후의 일순까지 목적을 달성한다는 말이다.

1390719 신입도생 교육

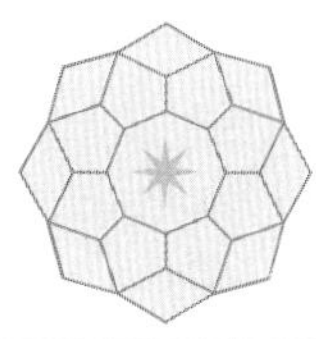

26

대자연의 도, 사람의 길

가효국충, 가치관을 바탕으로 의롭게 살아야

대도 말씀 · 150일 필사

좋은 세상이 되려 할 것 같으면
가정에 효도하고 국가에 충성하고
사회에 의로운 사람이 돼야 한다.
가효국충家孝國忠하고 사회에는 정의로워야
이 세상이 바로 설 것 아닌가.

우리 증산 상제님의 진리 증산도를 포괄적으로 말할 것 같으면 불의를 뿌리 뽑고 정의를 규명하는 진리다. 좋은 세상이 되려면 가정에 효도하고 국가에 충성하고 사회에 의로운 사람이 돼야 한다.

1410428 태모님 성탄치성

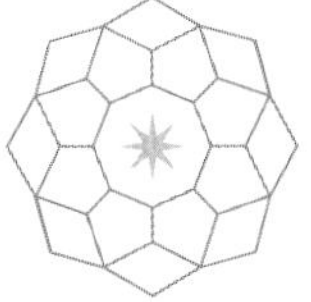

사람은 어떻게 살아야 하느냐?
동서고금을 불문하고 종교를 떠나서
사람이 살아가는 법칙이 있다.
사람은 가정에 효도하고 국가에 충성하고
사회에 정의로워야 한다.

동서고금을 불문하고 종교를 떠나서 사람이 살아가는 법칙이 있다. 바로 사람은 가정에 효도하고 국가에 충성하고 사회에 정의로워야 한다. 가정에 효도하고 국가에 충성하고 사회에 의로운 사람이 될 것 같으면 그 이상 더도 덜도 없다. 상제님 진리는 바로 그런 진리다.

1331210 천안 순방

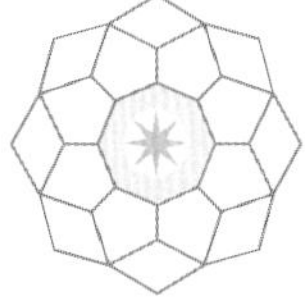

사람은 의롭게,

원칙적인 틀에서 벗어나지 않게 살아야 된다.

상제님 진리는 바로 그런 진리다.

그 틀에서 벗어날 것 같으면

증산도 신도가 될 수도 없다.

사람은 의롭게, 원칙적인 틀에서 벗어나지 않게 살아야 된다.
이 증산도 조직은 해원, 상생, 보은의 이념을 바탕으로 한 정의로운 단체다.
순리대로 집행하는 곳이다. 불의를 뿌리 뽑고 정의를 규명하자. 바르게 살자.

1330705 증산도대학교

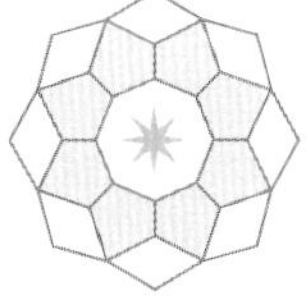

사람은 간심비폐신肝心脾肺腎, 오장五臟이 조화돼야 건강하다.
그런데 오행이 상극相克 작용을 하면 병도 생긴다.
그러면 살다 만다.
또 천지이치를 거슬러서 그렇다.
욕심을 부려서 돈을 많이 벌어야 하고,
나 돈 벌기 위해서 누구를 미워하고 음해한다.
한마디로 상극을 받아 병도 생긴다.

하늘 이치를 순리로 받아 잘 사는 사람은 잘 되고,
하늘 이치를 거스르는 사람은 병들고 망하고 만다.

사람은 바르게, 정의롭게 살아야 한다.
남에게 거짓말이나 하고
그런 사람은 쓸모가 없다.
사람은 가효국충家孝國忠,
가정에 효도하고 국가에 충성하고
사회에 의로운 사람이 되어야 한다.

어느 시대, 어느 사회, 어떠한 문화권에 매달렸든지 간에 가정에 불효하고 국가에 불충하고 사회에 불의한 사람이 된다면 가정도 망하고, 그 나라도 절단나 버리고, 사회도 수라장이 돼 버린다. 그러니 사람은 어느 시대 어느 사회를 살든지 가효국충하고 사회의 의로운 모범 인간으로 살아야 한다.

1400306 서울 순방

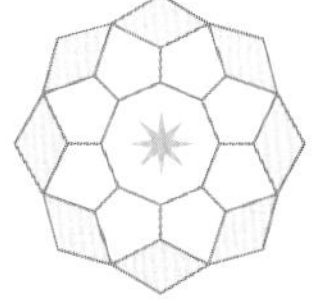

사람은 진리眞理도 바르게 알아야 하고
바르게 살아야 한다.
이 대우주 천체권 내에 가장 소중한
자기 자신을 낳아준 분은 제 조상이다. 제 조상!
제 조상보다 더 소중한 분이 어디 있는가?

개개인이 제 조상을 하늘처럼 떠받드는 것은 절대로 흠이 아니다. 사람은 제 조상을 잘 받들어야 한다. 조상이 자기 뿌리인데, 어떻게 그 뿌리를 망각하고 제 뿌리를 배반하는가? 사람은 가치관을 바탕으로 해서, 진리에 살다 진리에 죽지 않는가. 상제님 진리, 천지의 이법이 바른 것이다. 사람은 바르게, 순리대로 살아야 한다.

1340215 입문 교육

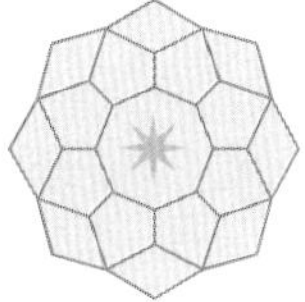

대자연의 도, 사람의 길

안운산 태상종도사 大道 말씀

나 사는 성스러운 진리로 남도 살려줘야

대도 말씀 · 150일 필사

증산도 신도들에게 주어진 사명使命이란 게 있다.

사는 진리를 전해줘야 한다.

개벽하는 세상에 상제님 진리로써

내가 산다면

그 성스러운 진리로 가족도, 겨레도

나아가서 전 인류를 살려야 한다.

천지는 말이 없기 때문에, 가을로 들어설 때에는 인간을 추수하시기 위해 천지를 대신해서 우주의 주재자 상제님이 오신다. 상제님이 오셔서 지나간 역사과정에서 잘못된 것들을 다 해소하시고 앞으로 다가오는, 새 세상을 여는 천지공사를 보셨다. 선천에서 후천으로 넘어가는, 생명의 가교架橋를 만들어 놓으셨다. 그 진리가 바로 증산도다.

1390412 부산 순방

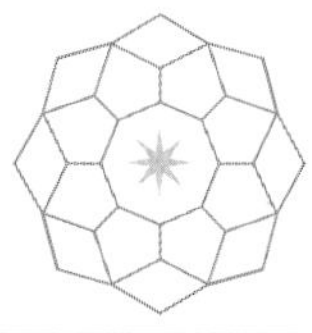

우리 증산도의 사명은,

한마디로 생명개벽을 하는

이번 우주 하추교역기에,

상제님 진리로써 죽는 세상에 살고,

나 사는 성스러운 진리로 남도 살려주는 것이다.

상제님 진리는 앞 세상 세계일가 통일정권世界—家統—政權을 창출하는 진리다. 상제님 진리로써 도성덕립되면, 그 세상에 가서는 상제님을 믿지 말라고 해도 다 믿는다. 우리 증산도의 사명은, 나 사는 성스러운 진리로 남도 살려주는 것이다.

1320320 서울 순방

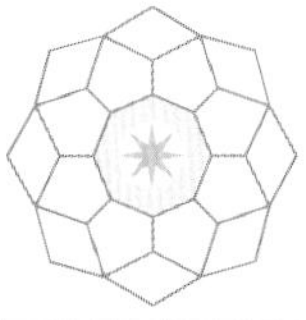

사람이 포교하겠다고 한 번 마음먹으면,
몇 십 명은 금세 할 수 있다.
세상 사람들도 다 좋은 것을 찾는다.
진선미眞善美를 찾는 것은 인간의 본능이다.
사람은 누구도 가치관을 바탕으로 해서
가치관에 살려고 한다.

사람은 누구도 가치관을 바탕으로 해서 가치관에 살려고 한다. 좋은 가치관을 말하고, 진선미를 말해 주는데 싫다고 할 사람이 어디 있겠는가? 무엇이 생겨서 그렇게 하는 것이 아니다. 이 일은 자신도 잘 살고, 사람도 살리는 일 아닌가.

1370708 증산도대학교

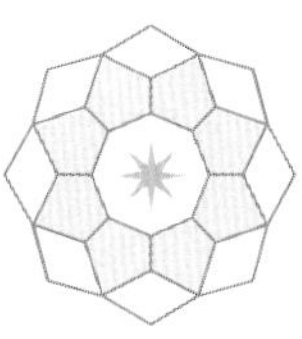

나는 하루에 다른 사람 열 몫 어치를 안 하면 잠을 못 잤다.
그날 잠자리에 누워서 계산을 해본다.
'내가 오늘 보통 사람의 열 몫을 했는가?'하고 말이다.
나는 줄잡아 열 몫씩을 했다.
그렇지 않으면 서운해서 잠을 잘 수가 있나?
그 아까운 세월 말이다.

하니까 제군들도 나를 본떠라.
신바람을 내서 일하라.

우리는 상제님 진리를 만나서
'살 길'을 찾았다.
내가 사는 성스러운 진리를 만났으니
남도 살려줘야 할 것 아닌가?
그래야 천지에 공 쌓아서
나 살고 남 산 뒷세상에 잘도 된다.

전 인류에게 상제님 진리를 알게 해서 상제님을 닮게 하는 것! 이것이 바로 인류를 구하는 길이다. 사람들로 하여금 상제님 진리를 알게 해서 상제님을 닮게 하자! 이것이 우리 증산도 신도들의 지상사명이다.

1290502 증산도대학교

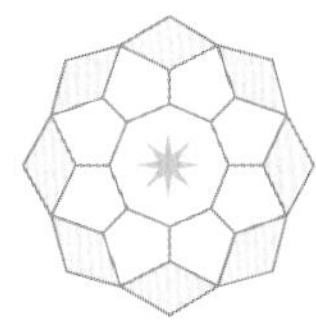

우리 민족도 많이 살리고

전 인류를 많이 살리는 것은

사람으로서는 지당지당至當至當 우지당尤至當한 일이다.

대인대의大仁大義에 입각해서

이것보다 더 크고 좋은 일이 어디 있는가!

우리는 죽는 세상에 살고 복 받고, 내가 살 수 있는 성스러운 이념으로 가족도 살리고 남도 살려야 한다. 인간이라는 대의명분, 참 하나님을 신앙하는 신도라는 대의명분에 입각해서 포교를 많이 해야 한다.

1330105 증산도대학교

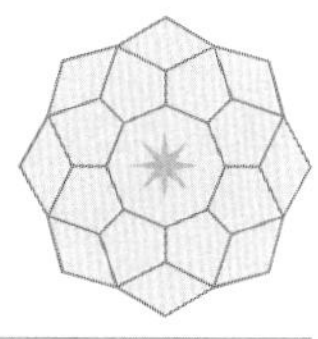

28

대자연의 도, 사람의 길

하늘 닮은 정성스러운 일심 구도자

『중용中庸』을 보면 자사子思가
"성자誠者는 천지도야天之道也요.
성지자誠之者는 인지도야人之道也라."라고 했다.
'정성을 다하는 것은 하늘의 도요,
그것을 본뜨려 하는 것은
사람의 도다.'라는 말이다.

하늘땅이 간단間斷 없이 주이부시해서 만 년, 십만 년, 백만 년을 지속해서 둥글어 가는 것도 정성이다. 사람은 하늘의 도를 본떠야 한다. 말로만 하는 피상적인 정성은 정성이 아니다. '속 알캥이, 고갱이, 진짜배기 정성! 거짓이 없는 정성! 하나도 티가 없는 빨간 정성, 완전한 일심'을 가져야 한다.

1361109 상제님 성탄치성

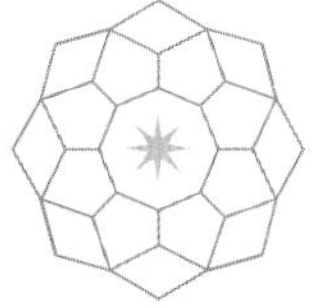

'지성至誠이면 감천感天이라'고 했다.
정성이 지극할 것 같으면 하늘도 감동한다.
상제님 천지사업을 하는데,
후천 인류 역사, 천지의 틀을 집행하는데,
상제님의 천지공사를 집행하는데
어떻게 감히 황송하옵게 편하기를 바라리오.

나는 '이 몸이 죽고 죽어 일백 번 죽어져서 넋이야 있고 없고 임 향한 일편단심, 상제님 진리를 집행하는 일편단심 변할 수 있으랴.' 하고 정성을 다 바치고 있다. 한마디로 혼화일체混化一體가 돼야 한다. 그 일심에 아주 가물가물하게 일체가 돼서 그 속에서 일을 해야 한다.

1361109 상제님 성탄치성

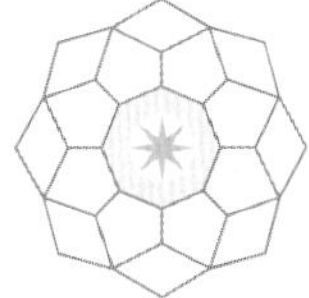

천지 이법도 묶어서 보면

정성 성誠 자로 표현할 수밖에 없다.

시간적으로 터럭 끝만큼도 틀림이 없고

쉬지도 않는다.

성여불성成與不成은 정성 성 자에 있다.

천지 이법도 묶어서 보면 정성 성 자로 표현할 수밖에 없다. 시간적으로 터럭 끝만큼도 틀림이 없고 쉬지도 않는다. 성여불성은 정성 성 자에 있다. 성장을 시키고 시키지 못하는 것은 다만 정성에 달려 있다는 말이다.

1330317 본부 교육

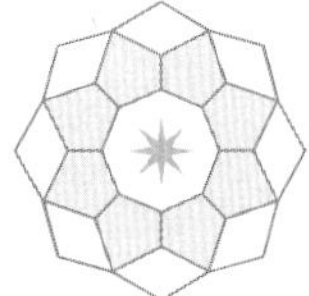

내 얘기는 100조를 줘도 살 수 없는 값있는 이야기다.
첨단을 걷는 문명시대에 가장 값나가는 진리,
천지와도 바꿀 수 없는 진리를 내줬다.

우주원리를 아는 사람이 누가 있는가?
나는 우리 신도들에게 천지대도天地大道를 전했다.
물질로써 환산할 수 없는 천지대도를 전해줬다.
그러니 제군들은 각자 일심을 갖고 최선을 다하라.

세상만사의 성여불성_{成與不成},
매듭을 짓고 못 짓는 것이
전부 다 '일심_{一心}'에 있다.
아무리 좋은 진리를 만난다 하더라도
일심을 가지지 않으면
절대로 성공할 수 없다.

천지도 일심이 아니면 둥글어 가지 않는다. 일심, 다른 말로 하면 정성이다.
우주의 주재자, 참 하나님의 신도로서 상제님을 얼마만큼 잘 신앙을 하느냐
하는 자기 신앙심에 의해서 복록도, 건강도, 모든 문제가 좌우되는 것이다.

1350323 인천 순방

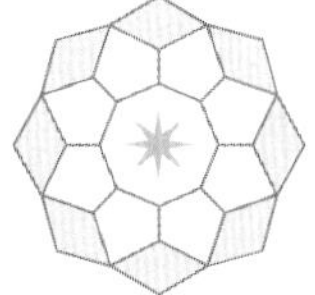

제군들은 아주 조직적이고

치밀하고 규모적이고

체계적인 삶과 신앙생활을 영위하라.

세상사는 자기가 제 일을 하는 것이지

남이 해 주지 않는다.

공짜라는 것은 동서고금에 있을 수도 없고

있지도 않다.

제군들은 아주 조직적이고 치밀하고 규모적이고 체계적인 삶과 신앙생활을 영위하라. 오죽하면 상제님이 묶어서 '복록福祿도 성경신誠敬信이요 수명壽命도 성경신誠敬信'이라 하셨겠는가? 성경신을 떠나서 되는 것은 아무것도 없다. 신명이 감응하게 신앙하라.

1310624 충무체육관 대천제

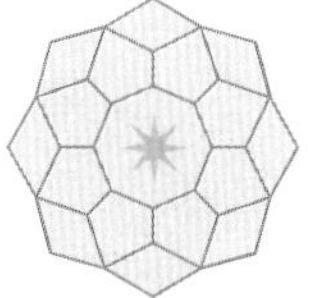

29

대자연의 도, 사람의 길

안운산 태상종도사 大道 말씀

상생의 조직, 후덕하게 살아야

대도 말씀 · 150일 필사

앞으로 다가오는 5만 년 세상은
전 세계가 한 가족이 돼서 살아간다.
결론부터 말하면
세계일가世界一家 통일정권統一政權이다.
하나인 문화권, 하나인 진리 속에서
전 인류가 행복을 구가謳歌하는
상생의 문화가 펼쳐지는 것이다.

옥황상제님께서 이 세상에 오셔서 지나간 역사과정에서 생긴 원신과 역신을
전부 묶어서 해원을 시키고, 새 세상을 여셨다. 그래서 전쟁이 없는 세상,
전 인류가 하나인 문화권에서 살기 좋은 상생의 문화가 열린다. 다가오는
세상은 국가와 민족을 초월해서 하나인 문화권, 군사부 문화가 나온다.

1381116 고베 순방

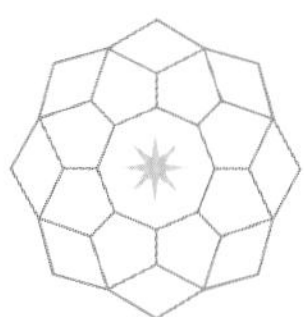

지나간 세상에는 조직도 '상극의 조직'이지만
다가오는 세상에는 '상생의 조직'이다.
상제님의 하나인 문화권에서
전 인류가 보은줄로써
후천 5만 년을 생활할 수 있다.

상제님 진리는 묶어서 상생의 문화다. 지나간 세상은 상극이 사배司配해서
억압에 눌려 제 마음대로 살 수 없었던 세상이지만, 앞으로 상제님 문화는
상생의 문화이기에 서로 살려 주고 도와 줘서 그 은의恩義로써 살아간다.
성숙한 상제님 상생의 문화 속에서 인류는 자유를 만끽하고 도움을 받으며
살아간다.

1390412 부산 순방

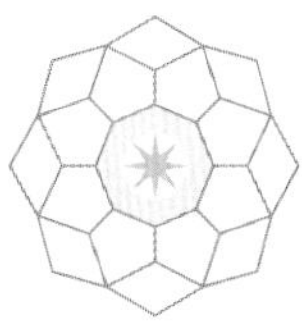

후천 5만 년은 현실선경現實仙境,
지상선경地上仙境, 조화선경造化仙境이다.
인류 생활문화라 하는 것이
지금의 문화와는 정반대다.
지나간 세상은 100% 상극의 역사였는데
앞 세상은 상생의 문화다.
은혜로써 살고 보은하며 산다.

후천 5만 년은 현실선경, 지상선경, 조화선경이다.
알기 쉽게 백성들도 자기가 백성 노릇할 만한 도통을 하는 문화다.
그래서 앞 세상은 살기 좋게만 되어 있다.

1330608 증산도대학교

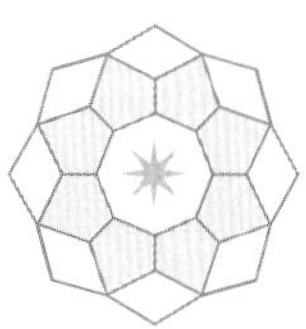

사람은 바르게 의롭게, 정의롭게 살아야 한다.

바르게 살지 않으면
증산도 신도가 돼도 소용이 없다.
다 뽑혀버리고 만다.
조직윤리가 뽑아버리고, 진리가 뽑아버린다.

사람이 뽑는 게 아니라
자연 섭리에 의해서 도태돼 버린다.

사람은 정의正義롭게 살아야 한다.

남에게 후덕厚德하고 좋게 대하고

웃으면서 살아야 한다.

한평생 한마디 거짓말도 하지 말고,

잘난 척 하지도 말고,

남의 것 뺏어 먹으려고도 하지 말고,

그렇게 살아야 한다.

사람은 정의롭게 살아야 한다. '덕자德者는 본야本也요 재자財者는 말야末也라' 덕이라 하는 것이 바탕이 된다. 남에게 후덕하고 좋게 대하고 웃으면서 살아야 한다. 한평생 한마디 거짓말도 하지 말고, 잘난 척 하지도 말고, 남의 것 뺏어 먹으려고도 하지 말고, 그렇게 살아야 한다.

1381221 동지치성

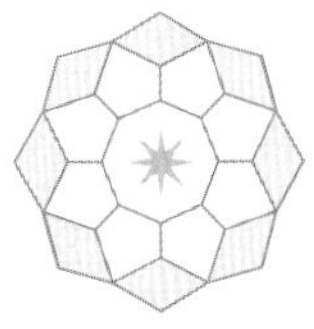

증산도甑山道는
무슨 이익을 얻기 위한 영리 집단이 아니다.
국가와 민족을 위해서, 전 인류를 위해서
봉사하는 봉사 집단이다.
천지의 역사를 하기 위해서
서로 협력하고 공조共助를 하는 곳이다.
사람은 양심을 속이지 말고, 좋게 살아야 한다.

증산도는 국가와 민족을 위해서, 전 인류를 위해서 봉사하는 봉사 집단이다. 여러 천 년 묵은 각색 혈통들이 뭉쳐서 하나인 목적을 달성하기 위해서, 천지 이법을 집행하기 위해서, 상제님 진리를 집행하기 위해서, 천지의 역사를 하기 위해서 서로 협력하고 공조를 하는 곳이다.

1350828 일요치성

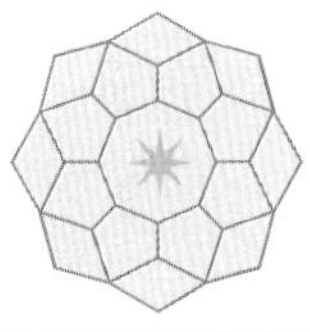

30

대자연의 도, 사람의 길

안운산 태상종도사 大道 말씀

봉사하는 일꾼, 진리를 전하는 일꾼

대도 말씀 · 150일 필사

봉사奉仕를 많이 하면

봉사한 것만큼 성자聖者가 된다.

봉사정신이 결여된 사람은 저 혼자 살아야 한다.

사람은 남 위한 것만큼,

봉사한 것만큼 훌륭한 사람이 되는 것이다.

옛날 과도기적 성자들도 한 평생 봉사를 하고 갔다. 봉사를 많이 하면 봉사한 것만큼 성자가 된다. 봉사정신이 결여된 사람은 저 혼자 살아야 한다. 사람은 남 위한 것만큼, 봉사한 것만큼 훌륭한 사람이 되는 것이다.

1311110 증산도대학교

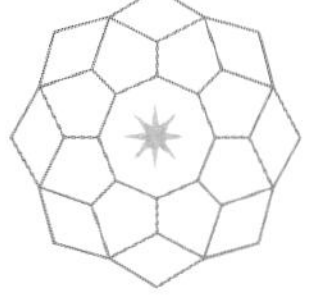

훌륭한 사람의 틀이 무엇인가? 봉사다.

사람은 봉사한 것만큼 사회 속에서 인정을 받는다.

봉사라는 것은 천지에 공功 쌓는 것이다.

천지에 공을 쌓을 것 같으면

천지에서 그 사람에게 공을 돌려준다.

옛날 성자들은 다 봉사한 사람들이다. 봉사를 많이 한 사람을 성자라고 한다. 사람은 봉사한 것만큼 사회 속에서 인정을 받는다. 봉사라는 것은 천지에 공 쌓는 것이다. 천지에 공을 쌓을 것 같으면 천지에서 그 사람에게 공을 돌려준다.

1340215 입도 교육

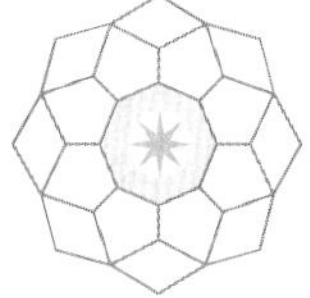

상제님을 잘 믿음으로써

천지에서 사람 씨종자를 추리는 때

내가 살고, 내 생명이 사는 성스러운 진리로

가족도, 인아족척도, 남도 살려줘야 한다.

이것보다 더 큰일이 어디 있겠는가?

더 아름다운 일이 어디 있겠는가?

더 값어치 있는 일이 어디 있겠는가?

상제님을 잘 믿음으로써 천지에서 사람 씨종자를 추리는 때 내가 살고, 내 생명이 사는 성스러운 진리로 가족도, 인아족척도, 남도 살려줘야 한다. 이것보다 더 큰일이 어디 있겠는가? 그 이상 더 아름다운 일이 어디 있겠는가? 더 값어치 있는 일이 어디 있겠는가? 이것은 동서고금, 사람 두겁을 쓰고 나온 사람이라면 누구도 해야 할 일이다.

1361109 상제님 성탄치성

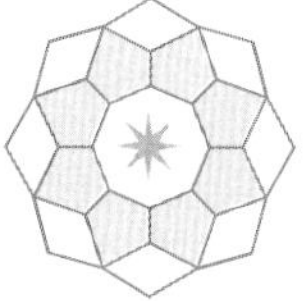

진리라 하는 것은 사필귀정事必歸正이다.

세상이 아무리 험난하다 하더라도
공명정대公明正大해야 한다.
이 세상에서 공명정대한 일을 해야만
살아남고 알캥이를 맺는다.

또 정성이라야 매듭짓는다.
천지도 정성이 아닐 것 같으면 이루어지지 않는다.
사람은 정성을 가져야 한다.
그러니 처음 입도할 때의 정신을 가지고서
끝까지 일관되게 나아가라.

상제님 신앙을 제대로 해야

나도 살고 내 조상도 살릴 수 있다.

또 개인 혈통을 떠나서 내가 사는 좋은 진리를

세상 사람에게 전하면 그 사람도 산다.

그리고 그 은총으로 산 사람이 또 남을 살려 준다.

그렇게 해서 백 명을 살린 사람도 있고

천 명, 만 명을 살린 사람도 있을 것이다.

상제님 신앙을 제대로 해야 나도 살고 내 조상도 살릴 수 있다. 또 개인 혈통을 떠나서 내가 사는 좋은 진리를 세상 사람에게 전하면 그 사람도 산다. 그리고 그 은총으로 산 사람이 또 남을 살려 준다. 그러면 천지 공도公道에 입각해서 그 공 쌓은 것만큼 복이 온다.

1361109 상제님 성탄치성

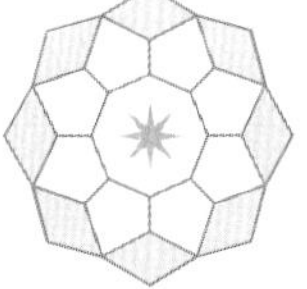

우리는 정도正道로
천지가 둥글어 가는 틀, 대자연 섭리를 집행하는,
천지의 대도를 집행하는 천지의 대역자代役者다.
천지의 역사를 대신하는 천지의 대역자다!
얼마나 고마운 일인가.
우리는 진리의 혼이 되자! 천지의 대역자가 되자!
무에서 유를 창조하자!

우리는 정도正道로 천지가 둥글어 가는 틀, 대자연 섭리를 집행하는, 천지의 대도를 집행하는 천지의 대역자다. 천지의 역사를 대신하는 천지의 대역자다! 얼마나 고마운 일인가. 다 같이 합심해서 세상 사람에게 진리를 전하자. 그 얼마나 좋은 일인가!

1361109 상제님 성탄치성

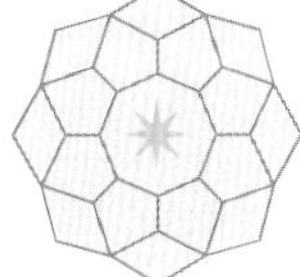

대도 말씀 · 150일 필사

대자연의 도, 사람의 길

발행일 2026년 2월 2일 초판 발행
펴낸곳 상생출판
펴낸이 안경전
구성·편집 상생출판 편집부
　　　　　대전광역시 중구 선화서로 29번길 36(선화동)
　　　　　Tel.070-8644-3156　**Fax.**0303-0799-1735
　　　　　www.sangsaengbooks.co.kr
디자인 이선아, 이지혜
사　진 이창욱
출판등록 2005년 3월 11일(제175호)

ISBN 979-11-91329-61-2
Copyright ⓒ 2026 상생출판

대자연의 도, 사람의 길